IRONIAS DO TEMPO

Luis Fernando Verissimo

Ironias do tempo

ORGANIZAÇÃO
Isabel e Adriana Falcão

2ª reimpressão

Copyright © 2018 by Luis Fernando Verissimo
Copyright © 2018 by Adriana Falcão e Isabel Falcão

Grafia atualizada segundo o Acordo Ortográfico da Língua Portuguesa de 1990, que entrou em vigor no Brasil em 2009.

Capa e lettering
Joana Figueiredo

Ilustrações de capa
Luiz Fernando Verissimo

Revisão
Isabel Cury
Clara Diament
Huendel Viana

Os personagens e as situações desta obra são reais apenas no universo da ficção; não se referem a pessoas e fatos concretos, e não emitem opinião sobre eles.

Dados Internacionais de Catalogação na Publicação (CIP)
(Câmara Brasileira do Livro, SP, Brasil)

Verissimo, Luis Fernando
 Ironias do tempo / Luis Fernando Verissimo ; organização Adriana Falcão e Isabel Falcão. – 1ª ed. – Rio de Janeiro : Objetiva, 2018.

ISBN 978-85-470-0073-8

1. Crônicas brasileiras. I. Título.

18-19792 CDD-869.8

Índice para catálogo sistemático:
1. Crônicas : Literatura brasileira 869.8

Maria Alice Ferreira – Bibliotecária – CRB-8/7964

[2021]
Todos os direitos desta edição reservados à
EDITORA SCHWARCZ S.A.
Praça Floriano, 19, sala 3001 — Cinelândia
20031-050 — Rio de Janeiro — RJ
Telefone: (21) 3993-7510
www.companhiadasletras.com.br
www.blogdacompanhia.com.br
facebook.com/editoraobjetiva
instagram.com/editora_objetiva
twitter.com/edobjetiva

Sumário

Apresentação — Adriana Falcão e Isabel Falcão 9

Entrega em domicílio 13
Natal 15
Técnicos e lâminas 19
Grampos 21
O encontro 25
A rainha louca 30
Destino 34
Para sempre 38
O último Bragança e o primeiro Silva 40
A pureza e o poder 42
Esdruxulices 44
Alfabeto 46
Outro assunto 49
Sem título 51
Grande irmão 56
A mágica do rádio 58
Me liga 60

"Zeitgeist" 64
Padre Alfredo 66
Paula 69
Resoluções 72
Infalibilidade 75
Coxas confiantes 77
Com ou sem gás 79
Conspiração 82
Memória e anotações 84
O som da época 86
Abstracionismo 88
A primeira terça 90
Rabanada 92
Neparlepá 94
A primeira pedra 97
Como imaginar uma orgia 99
Os resistentes 101
De areia 103
O que significa orégano 105
O vovô espião 107
"Hélas" 110
A recepção 112
O incrível e o inacreditável 114
Meu valor 116
A outra vida do sr. Antonio 119
O fim 122
Azeitona 124
A visita do marajá 126
GPS 128
Contículos 131
Carinho 134

A teoria do pinto 136
O bum 139
Desconversa 141
O vácuo 144
Recapitulando 146
Criadores 148
Fofo 150
Serenata 152
A ilusão 155
Na ponta da língua 157
Zeloso guardador 159
Os amigos 161
Atenção 164
Vi 166
Assovio 168
Antônio e Luana 170
O Godzilla veio atrás 173
Palavra 175
Elegância 177
Tempo maluco 179
Pelo computador 181
Comparando eras 183
Amor 185
A distância 187
"Adevolve!" 189
Volta e ida 191
Nossa senhora dos destoantes 196
Refinado 198
Filhos 200

Créditos das crônicas 203

Apresentação

Passada a ameaça de enfarte que sofremos ao receber o convite da Companhia das Letras para editar uma antologia do Verissimo, veio o pior de tudo: encontrar uma ideia capaz de nos convencer a escolher "essas" crônicas, e não "aquelas", se amávamos, igualmente, aquelas, e essas.

Ou seja, o conceito desta antologia.

Parecia uma missão impossível abrir mão de uma crônica que fosse.

A opção "por sorteio" foi descartada, por honestidade. Havíamos sido convidadas exatamente para ter uma ideia que justificasse a escolha de 77 crônicas, entre as incontáveis que tínhamos. E ao escolhermos umas precisávamos "desescolher" outras. E isso ainda tinha que fazer algum sentido.

Que enrascada.

Logo na primeira leitura do material, encontramos, as duas, a preciosidade que nos rendeu a ideia: ali estava a vida, acontecendo, em tempo real, através dos olhos do Verissimo. O tempo passando, entre 1998 e 2018, fatos, pensamentos, desastres, escândalos, sentimentos, a história de uma época, no Brasil e no mundo, registrados pelo Verissimo, sua graça, poesia, sua lógica, sua ética.

Muito nos impressionaram as ironias do tempo que, ao passar, faz o que bem entende. Pode mudar radicalmente uma circunstância, de um minuto para o outro. Pode deixar tudo igualzinho, através de décadas. Pode resolver repetir acontecimentos, quando achar mais adequado. E dá voltas e reviravoltas, e o Verissimo, ali, à espreita.

Encontrávamos, por exemplo, numa crônica de 2001, a aflição de um político corrupto que teve o telefone grampeado, o que parece um comentário preciso sobre os dias atuais, enquanto em crônicas mais recentes, vemos tudo mudar: do futebol ouvido no rádio ao replay e ao pay-per-view.

Durante a organização desta antologia, rodeadas de arquivos de computador abertos, pilhas e mais pilhas de crônicas impressas, post its de todas as cores, por toda parte, fomos entendendo que é impossível captar a alma de certas ironias.

Às vezes, até, é melhor deixar passar por coincidência.

Na década de 1930, Erico Verissimo, escritor gaúcho e pai de Luis Fernando Verissimo, trabalhou na *Revista do Globo*, em Porto Alegre, com Augusto de Sousa Júnior, escritor gaúcho e avô de Adriana, bisavô de Isabel.

Na década de 1990, Isabel, ainda criança, se correspondia com seu ídolo Luis Fernando Verissimo (o autor daqueles livros da estante) pelo Correio, Rio de Janeiro/Porto Alegre. Para alegria da menina, ele nunca deixou de responder a uma carta.

Nos últimos vinte anos, Adriana trabalhou com Luis Fernando Verissimo e sua filha Mariana Verissimo, ora coassinando livros ou participando das mesmas coletâneas, ora colaborando em roteiros para televisão e cinema.

Em 2018, Adriana, mãe de Isabel, e Isabel, filha de Adriana, organizamos esta coletânea. Sermos de gerações distintas foi fundamental para que a visão de tempo de cada uma se acrescentasse.

A gente se divertiu muito.

Tomara que você, leitor ou leitora, também se divirta e se emocione. E se prepare.

Outro dia foram seus pais, hoje é você, amanhã ninguém sabe, e as ironias estão soltas. Tenha um ótimo tempo pela frente.

Adriana e Isabel

Entrega em domicílio

Não sei quando será, mas não deve demorar. O lugar? Qualquer grande cidade brasileira. Noite. É cedo, mas não se veem carros nas ruas nem gente nas calçadas. Só o que se vê são motociclistas. Suas motocicletas têm caixas atrás, para carregar os pedidos. São entregadores. Motoboys. Teleboys. Eles se cruzam nas ruas vazias, em disparada. Como os carros não saem mais à noite, e os motociclistas não os respeitam mesmo, os faróis semafóricos não funcionam. O amarelo fica piscando a noite inteira, e nos cruzamentos a preferência é dos entregadores mais corajosos. Há várias batidas e pelo menos um morto por noite. Mas o número de motociclistas nas ruas não para de crescer.

    A população não sai mais de casa. Tudo é pedido pelo telefone. Os restaurantes despediram seus garçons e trocaram por motoboys. Telegarçons. Se você quiser um jantar fino à luz de velas, com vários pratos, sobremesa e vinho, existem serviços de entrega para tudo. Um entrega os pratos finos. Outro a sobremesa. Outro os vinhos. Outro a toalha de linho, os talheres e as flores. E já há um de televelas.

    Como as pessoas não saem à noite e ninguém mais vai jantar na casa de ninguém, há uma cooperativa que se prontifica a mandar os próprios teleboys como convidados a jantares finos. A Telenós. Você especifica o tipo de conversa que quer à mesa — mais ou menos intelectual, divertida, safada, política, variada etc. — e na hora marcada chegam os telecomensais, no número e com o traje que você quiser. Eles comem, conversam, elogiam os anfitriões e vão embora ou, por um adicional, limpam a cozinha.

Como a sociedade passou a depender deles para tudo, é natural que comece a haver distorções criminosas no mundo da entrega em domicílio e teleboys se aproveitem do seu poder para aterrorizar a população. Você abre a porta para o entregador de pizza com a mozarela pequena que pediu e de repente se vê acossado por um bando de dez, cada um com uma caixa de supercalabresa que você é obrigado a pagar, e ainda dar gorjeta. Não adianta você telefonar para a polícia. A polícia também não sai mais na rua. Existe um serviço de telessocorro que fornece ajuda parapolicial, mas eles não agem contra teleboys. O corporativismo da classe é forte.

Os motoboys dominam a noite e desenvolveram uma cultura própria. Têm seu folclore, seus mitos, seus heróis. Como "Fast Boy" Menezes, que entrega sorvete na mão em qualquer ponto da cidade e você não paga pela parte que derreter. Ou Jorge "Armário" Freitas, que adaptou sua moto para carregar qualquer coisa, bateu seu próprio recorde entregando um piano de cauda numa recepção improvisada — com o banquinho e o pianista — e morreu numa freada brusca, esmagado pela jacuzzi portátil que levava para uma festa gay.

Não sei quando será, mas não deve demorar.

Natal

— Doutor, tem um senhor aqui na portaria que diz que é o Papai Noel.
— Quem?
— Papai Noel.
— Pergunta quem é.
— Papai Noel. Ele diz que é Papai Noel.
— Pergunta o nome.
— É Noel.
— Diz pra ele deixar de brincadeira e dizer o nome verdadeiro.
— Noel. Ele está dizendo Noel.
— Como é o tipo dele?
— Gordo. Barba branca. Roupa vermelha. Capuz. Botas. Carrega um saco.
— Pergunta se ele tem identidade. Pede a identidade.
— Ele diz que não tem, doutor.
— Nada?
— Ele está dizendo nada.
— Pergunta se...

— Ele diz que tem uma carta do Marcelo.
— Ai, ai, ai. De onde ele conhece o meu filho?
— Ele diz que não conhece. Só recebeu uma carta.
— Pede para ver a carta.
— Estou com ela aqui, doutor.
— Como é a carta? Me descreva a carta.
— Bom... Letra de criança... É uma lista de pedidos. Assinado "Marcelo".
— Tem o nosso endereço?
— Não. Só "Marcelo".
— Pede para ver o envelope.
— Sim, senhor... Está aqui. Envelope. Deixa ver. Endereçado a... "Papai Noel, Polo Norte".
— Não tem o endereço do remetente?
— De quem?
— De quem mandou a carta.
— Não. Só "Marcelo".
— Você já deixou ele passar pelo portão?
— Não. Ele está aqui na janelinha da guarita.
— Deixa eu falar com ele.
— Sim, senhor. Um momentinho.
— Sim?
— Quem fala?
— Papai Noel.
— Como é o seu nome, por favor?
— Papai Noel.
— Olha, eu não tenho tempo para... É o Danúsio? É você, Danúsio? Deixa de brincadeira.
— É o Papai Noel. Trazendo os presentes que seu filho pediu.
— É promoção, é isso?
— Como?

— É promoção de alguma loja? De algum produto? Se é, ninguém aqui está interessado.
— É o Papai Noel.
— Vamos acabar com essa história. Ou você me diz quem é ou...
— Eu sou o Papai Noel.
— Chega! Não sei como você conseguiu o nome do nosso filho e o endereço dele, mas fique sabendo que nós estamos muito bem protegidos. Viu bem? Muito bem protegidos. Aliás, neste momento, você está sendo filmado.
— Eu só queria entregar os presentes, e vocês não têm chaminé.
— Sei. Os presentes que você trouxe do Polo Norte para o Marcelo.
— É.
— Feitos na sua oficina, por anõezinhos.
— Duendes.
— Duendes. Certo. No Polo Norte.
— Isso.
— Você fala português muito bem para quem mora no Polo Norte.
— Obrigado.
— Como consegue entrar no país sem documento?
— Nunca tive problema.
— Pois fique sabendo que já acionei o alarme, está entendendo? Já acionei o alarme e a polícia está vindo para cá. Se eu fosse você, pegava o meu trenó e dava o fora. Rápido.
— Quer dizer que não vou poder entrar?
— Não. Ou você acha que alguém aqui é criança?
— O Marcelo não é criança? Pela letra...

— Dê o fora enquanto é tempo. E olhe: se chegar perto do meu filho outra vez, vai se arrepender. Está ouvindo? Nós estamos muito bem protegidos!
— E os presentes?
— O quê?
— O que eu faço com os presentes?
— Dê o fora!
— Está bem.
— A polícia já está chegando. Se você for esperto, dá no pé enquanto é tempo e não aparece mais aqui.
— Vou deixar os presentes com o porteiro.
— Não vai deixar nada! Passe o fone para o porteiro.
— Muito bem.
— Alô?
— Seu Valdomiro? Não aceite nada dele. O saco pode ser de explosivo. Eles estão agindo em bando. Ele explode a guarita, e o bando entra atrás.
— O senhor acha?
— Não dá pra facilitar. Não dê mais conversa e corre com esse vagabundo.
— Mas, doutor...
— Corre com esse vagabundo!

Técnicos e lâminas

Os técnicos de futebol entendem os fabricantes de aparelhos de barbear. O problema deles é igual. O futebol também é, basicamente, o mesmo desde que foi inventado. Não há muito que fazer para mudá-lo, fora detalhes. O modo de jogar futebol pode ser completamente diferente hoje do que era há anos, como a aparência dos aparelhos de barbear de hoje não tem nada a ver com a da época em que o Mr. Gillette inventou sua prática lâmina, mas a ideia fundamental permanece inalterada, e inalterável. E, no entanto, todos os anos os fabricantes de aparelho de barbear precisam apresentar um produto novo. Todos os anos os departamentos de marquetchim pedem aos departamentos de pesquisa que reinventem o aparelho de barbear, para ter o que anunciar. Duas lâminas, três lâminas, lâminas flutuantes, lâminas convergentes, lâminas divergentes, lâminas musicais — qualquer coisa para que o aparelho do ano passado fique obsoleto e a novidade fique irresistível. Da mesma forma, todo técnico, quando assume um novo time, deve trazer a sugestão implícita de que vai reinventar o futebol.

As razões dadas para trocar de técnico são muitas. O técnico que sai perdeu o ambiente, perdeu a confiança, perdeu a razão

— e é sempre mais fácil trocar um técnico perdedor do que um time inteiro. Mas a razão verdadeira é o desejo secreto de que o novo técnico reúna os jogadores no meio do campo, abra sua sacola e tire de lá de dentro — tará! — um outro jogo. Um futebol inédito. Um futebol que ninguém mais tem, e, portanto, invencível. O milagre ainda não aconteceu, mas todo técnico de futebol é uma promessa do futebol reinventado. Por isso eles levam vidas de homens santos, perambulando pelo país entre guaridas temporárias, sabendo que é pouco o tempo entre a adoração e o desmascaramento, a adulação e o apedrejamento. Ou ele é um salvador ou é um charlatão. Não tem o recurso do meio-termo. Nem o recurso do bom senso. O novo técnico não pode dizer para o time e a torcida que o futebol é um aborrecido jogo de repetição e paciência decidido, muitas vezes, por um ponta-esquerda que nem foi escalado, o Fortuito. Não pode enfatizar que o futebol precisa ser jogado com o pé, sabidamente um órgão tão dispersivo e difícil de controlar que poderia ser do governo. Nem lembrar o fato de que o adversário colocará em campo, perversamente, um time com o mesmo número de jogadores que também querem a bola, só para nos atrapalhar. Seria a mesma coisa que um fabricante de aparelhos de barbear fazer uma cara campanha publicitária para anunciar nada de novo. Dizer que não há mais o que fazer, que o aparelho de barbear chegou ao limite das suas possibilidades de mudança, que o deste ano será sensacionalmente igual ao do ano passado. Impensável.

Grampos

— Alô?
— Sou eu.
— "Eu" quem?
— Não está reconhecendo a voz?
— Não.
— Devia. Você a gravou.
— Quando?
— Há uma semana. Uma conversa minha com o ministro.
— Como você sabe que eu gravei uma conversa sua com o ministro?
— Por uma gravação de uma conversa sua com uma revista, oferecendo a gravação para vender.
— Você fez a gravação?
— Não. Passaram a gravação pra mim por telefone.
— E você gravou a gravação?
— Claro.
— O que você quer?
— A gravação.
— Minha com a revista?

— Não. Essa eu gravei. De uma gravação. Quero a minha.
— A sua com o ministro?
— É.
— Mas quem é você?
— Como quem sou eu? Sou o que você gravou falando com o ministro.
— Mas gravei muita gente falando com o ministro.
— Você não reconhece a minha voz?
— Francamente, não.
— Eu sou aquele que você gravou falando com o ministro e depois ofereceu a gravação para mais de uma revista.
— Que revista?
— Como que revista? Você não sabe?!
— Ofereci mais de uma gravação para mais de uma revista. Se você pudesse me dar uma pista... Qual era o assunto da conversa?
— Era... Você sabe. Aquele negócio.
— Que negócio?
— Você sabe...
— Milhões ou bilhões?
— Bilhões.
— É o Pepeu?
— O Pepeu?! Não. O Pepeu está metido em alguma...
— Esquece.
— Escuta aqui, se você não reconhece a minha voz, como sabe que era eu na conversa com o ministro?
— Mas se eu não sei quem é você, como vou saber se era você na gravação? Ou se é você agora?
— Eu sei que eu sou eu. O que você gravou podia ser outro. Dizendo que era eu, para me incriminar.
— Mas você acaba de dizer que eu gravei você falando com o ministro, e que você quer a fita.

— Agora não sei mais. Podia não ser eu.
— Há uma maneira muito simples de resolver isso.
— Qual é?
— Me diga o seu nome.
— E se não for eu quem está falando, e eu disser meu nome? Para me incriminar?
— Como é?
— Hein?
— Espera um pouquinho...
— Faz o seguinte... Você está gravando esta conversa, não está?
— Claro que não.
— Eu sabia. Faz o seguinte: recua a fita e toca até aqui, pra gente esclarecer isso.
— É mais simples você dizer seu nome.
— Acho que não.
— As iniciais.
— Não.
— Qual era o seu assunto com o ministro?
— Você sabe. Aquele negócio.
— Que negócio?
— Aquele.
— O da Superintendência?
— Não.
— O do Fundo?
— Não.
— O da venda do Piauí?
— Venda do Piauí?
— O do superfaturamento do prédio do Instituto Nacional da Moral e da Ética?
— Não.
— O do... Não, isso era o Pepeu. O da licitação para o hospital?

— Não.
— Então, sinto muito. Esses são todos os escândalos que eu estou vendendo, no momento.
— E o meu?
— Tem certeza que fui eu que gravei a sua conversa com o ministro?
— Como é o seu nome?
— Só digo o meu se você disser o seu.
— Diga o seu primeiro.
— Diga você primeiro.
— Você.
— Você.
— Você.
— Você.

O encontro

Ideia para uma história. Um homem dirige-se para o check-in de um voo qualquer e é interpelado por outro, que propõe comprar o seu lugar no avião. Como é? O outro diz que o voo está lotado, mas que ele precisa viajar naquele avião. Paga qualquer coisa pela passagem do homem.

— Desculpa, mas...
— Eu preciso pegar esse avião, entende? Tenho um encontro a que não posso faltar.
— Eu também tenho compromissos que...
— Escute! Pago o que você quiser. O dobro. Você me vende a sua passagem, compra outra para outro horário, viaja de graça e ainda sai lucrando.
— Mas como é que...
— Eles não pedem identidade no check-in. Viajo com o seu nome. Ninguém vai saber. Qual é o problema?
— Sei não...
— É absolutamente necessário que eu esteja nesse avião, entende? É importantíssimo. Uma questão de vida ou morte.

O homem examina o outro. Sua aflição parece real. Seu com-

promisso deve, mesmo, ser muito importante. Sua expressão é a de alguém possuído. Não parece um vigarista. E, afinal, que tipo de vigarice poderia ser a sua?
— Como você me pagaria?
— Cheque.
— Deixa ver o talão. E sua identidade.
O outro mostra. O talão é de cheque especial, a identidade confere.
— Feito.
A transação é rápida. O outro preenche o cheque, troca o cheque pela passagem e dirige-se rapidamente para o check-in sem dizer mais nada. Ele não tem bagagem.
O homem compra outra passagem para outro voo com o mesmo destino. Terá que esperar duas horas no aeroporto. Está olhando a vitrine de uma loja de suvenires quando ouve um estrondo. Depois vêm a correria, os gritos, as informações desencontradas. O avião caiu segundos depois de decolar. O avião explodiu ainda na pista. O avião se espatifou no chão quando voltava por causa de um problema técnico. Só não há dúvida quanto ao voo. É o que o outro tomara, com a sua passagem. Com o seu nome.
O homem corre para um telefone, depois de ver o avião despedaçado na pista e se convencer de que ninguém pode ter sobrevivido ao acidente. Precisa ligar para casa antes que liberem a lista de passageiros. Precisa avisar que está vivo, que não era ele no avião. A mulher não entende quando ele grita no telefone "Eu estou vivo!".
— O quê?!
— Meu avião caiu, mas eu continuo vivo!
— Meu Deus! Você está muito machucado?
— Eu não estava no avião!

Ele não conta à companhia aérea que vendeu sua passagem, para tirarem seu nome da lista de vítimas. Prefere passar semanas explicando a parentes desesperados e amigos compungidos que quem morreu no desastre não foi ele, pois viajara em outro voo, mas um homônimo. Um estranho homônimo: de todas as vítimas carbonizadas junto com seus documentos é a única sem parentes, ou sequer conhecidos, localizáveis. Na investigação sobre o acidente, perguntam ao homem se ele tem certeza de que não conhece o outro, já que os nomes são idênticos.

— Eu nem sabia que ele existia. Parente não é.
— E duas pessoas com o mesmo nome voarem no mesmo dia...
— Coincidência, não é?
O encarregado da investigação suspira, resignado.
— Enfim. Que tragédia.
— Terrível.
— Ainda bem que o avião não estava lotado, senão...
— O avião não estava lotado?
— Não. Tinha uns trinta lugares sobrando.

Finalmente, depois de meses, o homem decide procurar a família do outro. Só há um nome igual ao do cheque na lista telefônica. O endereço é de uma casa num bairro de classe média. Quem abre a porta é uma mulher de uns trinta anos cujos últimos meses obviamente não foram bons. Ele pergunta se o outro não está em casa. "Não", diz a mulher secamente. Ela sabe onde ele está? "Não." Ele é o seu marido? "É." O homem arrisca. Diz que tinha um encontro com o outro em outra cidade, meses antes. Dá o nome do destino do avião acidentado e a data do acidente. Como o outro não apareceu...

— Não sei nada sobre isso — diz a mulher.

— Sei. Bom. Deve ser outra pessoa. Obrigado.
O homem começa a se afastar da porta, mas a mulher o detém.
— Espere.
— Sim?
— Que dia o senhor falou?
O homem repete a data e pergunta:
— Por quê?
— Foi o dia em que ele saiu de casa e não apareceu mais.
— Ele não falou do compromisso que tinha? Da viagem que faria?
— Não. Falou que tinha um encontro, mas no aeroporto.
— No aeroporto?
— É. Disse que precisava salvar alguém.
— Salvar? Quem?
— Ele não disse.

Não sei o que significa essa história. Eu só a inventei, não preciso entendê-la. Sei que o homem está até hoje sem entendê-la. Sei que o homem está até hoje sem dormir, tentando organizar algum sentimento sobre o que aconteceu. Sua mulher acha que ele deve se tratar, que é tudo trauma do acidente. Ele a princípio ficou revoltado — como é que tem gente que eu nem conheço se metendo na minha vida, morrendo para me salvar, que intromissão é essa? Saíra da casa do outro atordoado, nem se lembrara de perguntar o que o outro fazia, quem era, como vivia, qual era a dele. Voltou, dias depois. Ficou sabendo que o outro era uma pessoa comum, um corretor de imóveis, um homem normal. Até começar a ter visões. Visões? É, tinha visões, pressentimentos. Na véspera do dia em que desaparecera tivera um sonho. Alguém lhe dera ordens específicas do que fazer para salvar alguém. De manhã saíra apressadamente de casa, dizendo que alguém precisava ser salvo, que a sua missão era salvá-lo. Por quê? A mulher não sabia. O outro não se abria muito com ela, desde que começara a ter visões.

O homem passa as noites pensando. Pensa: preciso cuidar da viúva. Afinal, ela perdeu o marido por minha causa, para me salvar. Talvez seja essa a vigarice. Não, que ideia. Mas por que eu? É a pergunta que ele se faz a noite inteira e todo dia. Por que eu fui salvo? Para quê? Que engrenagem misteriosa se movimenta para me proteger, qual é o compromisso que eu preciso cumprir, para que encontro eu fui poupado, onde, quando, com quem, contra quem? Qual é a *minha* missão? E por que eu? Por que eu?

A rainha louca

Não existem mais rainhas loucas, o que é muito ruim para a literatura. Ou muito bom, já que obriga os escritores a inventá--las. Rainhas loucas sempre dão boas personagens. Porque são rainhas e podem fazer tudo e porque são loucas e fazem tudo o que podem. Mas principalmente porque são mulheres, e, portanto, um mistério. Um rei louco faz o esperado, ou o esperado dos homens. Joga-se, nu, de uma torre, na razoável presunção de que o estágio seguinte, depois do poder absoluto, é voar, pois se não existe lei mais democrática do que a lei da gravidade, não poderia haver nada mais antigravitacional do que um rei. Rainhas loucas não fazem o esperado. Se a um rei louco não se deve confiar um exército, pois ele pode confundir um oceano com o inimigo e comandar um afogamento coletivo, o que é previsível, a uma rainha louca não se deve confiar um espelho de mão, pois ela pode destruir um reino. Como mostra esta história de uma rainha louca, passada na Alta Idade Média, que eu inventei. A rainha, não a Alta Idade Média, quem sou eu.

Ela chamava-se Nadir. Não, bobagem. Ipsolemena. Não: Auxerinne. Tinha enlouquecido aos treze anos, mas pensaram que fosse só puberdade. Convenceram-se de que estava louca quando ela anunciou que havia alguma coisa crescendo na sua nuca, algo que começara a vida como um cravo e crescia sob os seus cabelos. Não existe nada na sua nuca, princesa, diziam todos. É uma nuca lisa, uma nuca alabastro, como a de todas as princesas inventadas. Existe, insistia Auxerinne. Eu sinto. Não consigo dormir, não consigo viver com essa coisa crescendo sob os meus cabelos. Olhem, me digam o que tem na minha nuca, sob os meus cabelos. Não tem nada, princesa. Penugem, penugem, nada para atormentá-la.

Na sua coroação como rainha, Auxerinne não parava de se contorcer. O bispo não acertava a colocação da coroa. Nasceu aí o boato de que a rainha sofria de uma temível doença chamada dança de São Beltrão, que fazia as pessoas mexerem os ombros e sacudirem a cabeça sem parar, e devia seu nome a um desafortunado monge que, diziam, continuará a mexer os ombros e sacudir a cabeça mesmo depois de morto, no caixão, embora alguns dissessem que ele tinha sido enterrado vivo porque ninguém mais aguentava vê-lo dançando sem música daquele jeito, séculos antes do walkman e dos headphones. Mas Auxerinne estava apenas tentando se livrar da coisa na sua nuca, daquela coisa crescendo sob os seus cabelos. Estava apenas louca.

É preciso dizer que, naquela época, os espelhos não eram como os de hoje, que você coloca e esquece. Hoje, um espelho, salvo acidente, dura uma vida inteira. Não tem peças para repor, nada para gastar ou ficar obsoleto. Ele só reflete o que aparece na sua frente e, com um mínimo de manutenção, continuará refletindo com a mesma intensidade para sempre. Naquela época os espelhos não apenas distorciam o que refletiam como se desgastavam rapidamente, pois esperava-se muito mais deles. Eles davam conselhos, faziam previsões e — como a iluminação à vela era deficiente — precisavam de potência maior para refletir o que, além de tudo, eram pessoas e coisas bem mais ornamentadas do que hoje, exigindo mais reflexão com menos luz. Mesmo o melhor espelho não demorava a enfraquecer e se tornar inconfiável.

Por isso, Auxerinne não podia acreditar nos que a rodeavam, que sabendo da sua vaidade só viam penugem em sua nuca, nem no espelho de mão com que via a sua nuca imaculada refletida nos grandes espelhos do palácio. Esses espelhos estão velhos, dizia Auxerinne. Olho-me neles desde os meus treze anos e acompanhei o meu declínio. Não confio mais em espelhos. Não confio em ninguém à minha volta, pois todos só querem me agradar, o que muito me desagrada. E a rainha louca ameaçou sair à rua para mostrar sua nuca ao povo, procurando alguém que lhe dissesse a verdade. Apesar de alguns acharem que um passeio pelas ruas do reino faria bem à rainha, que veria a miséria dos seus súditos e esqueceria a sua nuca, a maioria da corte se apavorou com a ideia. Uma rainha na rua, mostrando a nuca e fazendo a dança de São Beltrão? Seria a desmoralização completa do poder. Acabaria com a monarquia em meia hora. Decidiram chamar o Mago.

O Mago apresentou-se a Auxerinne trazendo um espelho de mão mágico, "só para rainhas", no qual elas se olhavam de frente e se viam de costas. Isso eliminava as incertezas da imagem refletida de um espelho para o outro, equivalente a uma mensagem passada de pessoa a pessoa, que sempre chegava à rainha deturpada, e a necessidade de a rainha confiar na opinião dos outros, pois ninguém diz a verdade sobre suas costas a uma rainha. Olhando seu rosto no espelho mágico, Auxerinne veria a sua nuca. Contando, claro, que fosse uma rainha de verdade, pois a mágica só funcionava com rainhas de verdade. E Auxerinne olhou-se no espelho mágico, afastando os cabelos da nuca, e disse apenas: "Eu sabia". E nunca mais falou no assunto, ou mexeu os ombros e sacudiu a cabeça, como na dança de São Beltrão. Nascia a psicologia.

Destino

Um homem chamado Romildo encontra um livrinho de endereços caído na calçada. Aberto na letra "A". Vê o nome "Ada" e pensa: "É essa". Ele é um homem solitário. Esperou a vida inteira que o destino desse um sinal do que tinha lhe preparado e ali está o sinal. Um livrinho de endereços caído na calçada, aberto no nome "Ada".
Ele vai ao endereço de Ada e sente, ao vê-la, que encontrou a mulher que esperara a vida inteira. Mas Ada mente, diz que sabe de quem é o livrinho e por isso ficará com ele, para devolvê-lo ao dono. E manda Romildo embora. Romildo sai da nossa história.
Ada fica com o livrinho de endereços. Não reconhece nenhum dos outros nomes. E sente que foi o destino que lhe trouxe o livrinho e não aquele homem insignificante de quem nem guardou o nome. O que eu quero, o que eu esperei a vida inteira, está neste livrinho, pensa Ada. Que também é solitária e mora com um gato. Ada fecha os olhos e deixa o seu dedo escolher uma folha do livrinho. Deixa o seu dedo fazer o trabalho do destino. E seu dedo escolhe a letra "H". E um nome, Henrique. "É esse", pensa Ada.

Ada vai procurar Henrique. É recebida por um homem mais velho, cabelo pintado, de robe de cetim e que mora com a mãe. Enquanto Henrique examina o livrinho, no qual também não reconhece nenhum outro nome, Ada examina seu apartamento, e agradece ao destino que a trouxe ali. Tudo no apartamento lhe agrada. O homem, apesar do cabelo acaju, a decoração, até a mãe. Ada sente que encontrou quem esperara a vida inteira. Mas Henrique também mente, diz que sabe de quem é o livrinho e que ficará com ele e o devolverá ao dono.

Agradece a Ada, despede-se, por pouco não a empurra para a porta. Ada sai, arrasada, do apartamento e da história. Não fica nem com o livrinho, para poder escolher outro dos nomes trazidos pelo destino e pensar "É esse".

Henrique fica maravilhado com as possibilidades do livrinho. Sente que será uma aventura intelectual descobrir a identidade do dono de um livrinho de endereços através dos nomes que ele contém. Cada nome uma personalidade, cada nome uma história. "Uma boa ideia para um conto", pensa. Mas também pensa nas possibilidades eróticas, dentro do seu robe de cetim. Todos aqueles nomes desconhecidos, esperando o seu bote... Escolhe um nome sob a letra "R". "Rudy." Só "Rudy", o telefone e o endereço. "É esse", pensa Henrique. Quem sabe o destino não lhe trouxe um grande amor, ou no mínimo uma grande noite? Decide começar a investigação por Rudy.

Mas Rudy é uma decepção. Para começar, "Rudy" não é nome, é sobrenome.

Octacílio Rudy. Henrique chega esperando um Rudy jovem disposto a não só ajudá-lo a descobrir a identidade do dono do livrinho como, quem sabe, acompanhá-lo num fim de semana em Paraty, e encontra um Octacílio velho, casado, barrigudo e mal--humorado, que não tem a menor ideia de quem é o livrinho de endereços. E não quer muita conversa. Henrique decide abandonar seu instinto e adotar a lógica, e começar o livrinho pelo começo. Pelo "A".

O primeiro nome é, deixa ver... Ada, claro. Essa ele já conheceu e sabe menos do que ele. O segundo nome é Andradino. Dr. Andradino. Quem abre a porta é uma senhora. E uma senhora agitada. Que diz "Foi o destino que mandou o senhor!" antes que Henrique possa explicar por que está ali. A senhora conta que é a mulher do dr. Andradino. E o dr. Andradino Henrique, sem dúvida, sabe quem é: o da biblioteca. O da biblioteca? O da famosa biblioteca. A biblioteca das estantes até o teto, só com livros raros e das primeiras edições encadernadas. Pois o dr. Andradino é um homem cultíssimo, um homem que só lê os clássicos e um salafrário. Um quê? "Ele está me enganando!", grita a senhora. "Depois de velho, arranjou outra. Está na casa dela neste momento!" E a senhora conta que o dr. Andradino dera para sair de casa todas as tardes, ele que durante anos raramente saíra da biblioteca. E ela o seguira até a casa da outra. Naquela mesma tarde, seguira o marido pela rua, até a casa da outra.

Mas não tivera coragem de bater na porta e flagrar o salafrário com a amante, provavelmente de cuecas. Por isso Henrique caíra do céu, para isso o destino o trouxera até ela. Henrique deveria bater na porta da outra casa, com um pretexto qualquer, e depois contar o que vira. E só quando Henrique já está saindo, com o endereço da casa da outra no bolso, a senhora pergunta: "Quem é o senhor, mesmo?".

O dr. Andradino entreabre a porta e diz "Pois não?". Henrique conta a história do livrinho de endereços perdido. Talvez o dr. Andradino possa identificar o dono do livrinho. Talvez, conversando, os dois cheguem a um amigo ou conhecido em comum e solucionem o mistério. O dr. Andradino concorda e deixa Henrique entrar. Henrique nota que ele estava lendo uma revista *Caras* e marcou o lugar com um dedo. Há várias *Caras, Chiques e Famosos, Contigo* etc. espalhadas pela pequena sala. Numa estante ao lado de uma poltrona, que é quase o único móvel da casa, toda a coleção do Harry Potter, Paulo Coelho e outros best-sellers recentes, além de livros de bolso descartáveis, com capas lúbricas. *A noite do lambe-lambe* etc. Nenhum sinal de amante. Henrique compreende que a casa é um refúgio, onde o dr. Andradino, homem cultíssimo que só lê os clássicos, vem ler o que gosta, escondido dos outros e longe da sua biblioteca famosa. Encerram sua conversa sem concluir quem é o provável dono do livrinho e só quando Henrique já está saindo o dr. Andradino pergunta: "Como é que o senhor sabia que eu estava aqui?".

Henrique não responde. Sorri e se despede. Na rua, consulta o livrinho. O nome seguinte é Belinha. Belinha! Que personagem será esse? Qual será a sua história? O endereço não é longe dali. Henrique toma o seu destino.

Para sempre

Você eu não sei, mas o meu plano é viver para sempre. Reconheço que o sucesso do plano não depende só de mim, mas tenho feito a minha parte. Cortei o pudim de laranja, dirijo com cuidado, procuro não provocar impulsos assassinos nos leitores além do necessário para me manter honesto, não voo de ultraleve e não assovio para mulher de delegado. Está certo, o único exercício físico que faço é soprar o saxofone, e assim mesmo não todas as notas, mas acho que estou contribuindo razoavelmente para a minha própria eternidade. E sempre que leio sobre experiências como essa da célula-mãe com a qual, um dia, construirão artérias novas para a gente por encomenda, fico reconfortado: a ciência também está fazendo a sua parte no meu plano. Já calculei que se conseguir aguentar por mais sessenta e cinco anos, poderei ser refeito em laboratório dos pés à cabeça. Incluindo o tecido erétil. Onde será que a gente se inscreve?

A vida eterna nos trará problemas, no entanto, e não vamos nem falar no pesadelo que será para os sistemas previdenciários. A finitude sempre foi uma angústia humana, mas também um consolo, pois nos desobriga de entender a razão da existência.

A ideia religiosa da vida depois da morte é duplamente atraente porque nos dá a eternidade sem a perplexidade, já que é difícil imaginar que as indagações metafísicas continuarão do outro lado. Lá, estaremos na presença do Pai, reintegrados numa situação familiar de idílica inocência, definida como a desnecessidade de maiores explicações. Não teremos que especular sobre como tudo isto vai acabar porque tudo isto nunca vai acabar. Já na eternidade sem precisar morrer, a angústia da incompreensão infinita. Estaremos nessa ridícula bola magnética, com nossos tecidos renovados, olhando para as estrelas e perguntando como e por quê — para sempre.

Não interessa. Vou batalhar por mais sessenta e cinco. Quem nos assegura que neurônios desenvolvidos em laboratório não virão com todas as respostas?

O último Bragança e o primeiro Silva

O governo Éfe Agá acabou com a Era Vargas, na sua própria avaliação. Se a Era Vargas já foi tarde ou se jogaram fora uma ideia aproveitável de soberania junto com ela é assunto para dezessete textos maiores do que este. Mas se Lula vencer as próximas eleições o governo Éfe Agá também pode passar à História como o fim — pelo menos até ela ser restaurada, numa eleição futura — de outra era, muito maior do que a Era Vargas, já que tem a idade do Brasil: a Era Bragança. Desde que a nossa independência do reinado de Portugal foi declarada pelo filho do rei de Portugal, que depois se declarou imperador na nação rebelde, vivemos essa era inédita no mundo, em que tudo num país, inclusive as suas revoluções, é feito por uma classe só.

A Era Bragança atravessou quase dois séculos de História, com tanta persistência que sobreviveu até ao fim da dinastia que lhe deu o nome. Todos os presidentes da República brasileira foram herdeiros políticos dos Bragança, protótipos da grande esperteza brasileira de simular uma História para não ter que fazê-la. E é poeticamente justo, ou pelo menos simétrico, que a fase republicana da Era Bragança acabe como acabou a fase monárquica, com um bom homem no poder, um filósofo moderno e um cidadão do mundo, um Pedro II sem, esperemos, o exílio. Éfe Agá era o melhor que a nossa oligarquia esclarecida podia produzir, sem ironia. Seu fracasso significa o esgotamento entre nós do ideal ciceroniano da casta iluminada, capaz de fazer o necessário para a maioria em vez do conveniente para poucos. Nem Vargas nem qualquer outro pseudo ou pretenso populista na presidência escapou do molde da era, ou teve tempo para tentar escapar. Todos eram da linhagem, mesmo que não quisessem. Ou soubessem.

Uma improvável vitória do Lula não significará, claro, a tomada do poder pela "classe perigosa" para finalmente se apossar da sua própria história. Ele também dependerá de uma casta intelectual a seu lado e da boa vontade do patriarcado, sem falar no Congresso e no "mercado" para governar. Mas será o primeiro presidente da nossa história a não ter "Bragança" implícito no nome. O primeiro Silva autêntico. Não é nada, não é nada, já é um pé na porta.

A pureza e o poder

O PT discute a conveniência das alianças eleitorais, assim, heterodoxas, e o que está discutindo é o velho conflito da pureza e do poder. Até que ponto se deve sacrificar uma coisa pela outra? Adianta a virtude ser apenas virtuosa e jamais vencer, ou vale até um acordo com o Diabo se o objetivo final for o triunfo da virtude? Uma parábola chinesa, rápido.

Contam que na velha China chegou ao poder um imperador chamado Fernando Henrique. Eu sei que não é um nome muito chinês, mas foi o que me ocorreu. E Fernando Henrique era um homem virtuoso, e reto, e sábio, e seu maior desejo era acabar com o mandarinato atrasado e corrupto que infelicitava a China e inspirar os chineses com o seu exemplo, e ficar na história. Governaria com virtude, retidão e, principalmente, sabedoria, para que no futuro, quando falassem no seu reinado, todos dissessem "o de Fernando Henrique, o Sábio". E a maior prova da sua sabedoria seria uma aliança com o mandarinato atrasado e corrupto, um arranjo que lhe permitisse governar sem oposição, e acabar com a infelicidade da China, e inspirar os chineses a serem virtuosos, retos e principalmente sábios como ele, e ficar na história. E fez a aliança. E quando perguntavam se ele não inspiraria os chineses mais conservando suas purezas do que fazendo arranjos para se manter no poder, respondia que sem o poder não faria nada, não inspiraria ninguém e no futuro seu reinado seria lembrado como "o de Fernando Henrique, o Bobo". Ou nem seria lembrado, pois ele nem chegaria ao poder. E Fernando Henrique governou durante doze anos com o mandarinato atrasado e corrupto, sem oposição, e mostrou que tinha razão, pois manteve o poder por tempo suficiente para inspirar os chineses e ficar na história. Hoje, na China, o seu reinado é conhecido como "o do Mandarinato Sábio, que fez um arranjo com o imperador aquele".

Não tenho bem certeza do significado dessa parábola, mas quem a entendeu, por favor, avise o PT.

Esdruxulices

Uma vez me pediram para escolher a palavra mais bonita e a palavra mais feia da língua portuguesa e eu respondi que a mais bonita era "sobrancelha" e a mais feia era "seborreia". E acrescentei, por minha conta, que a mais esdrúxula era "esdrúxula".

"Esdrúxula" me parecia tão esdrúxula que fui me informar de onde ela vinha, para a gente um dia poder mandá-la de volta, e descobri que sua origem é o italiano "sdrucciola", "che há l'accento sulla terz' ultima sillaba". Ou seja, uma "parola sdrucciola" é uma proparoxítona. E um "verso sdrucciolo" é um verso que termina numa proparoxítona.

Era esse o sentido que a palavra tinha antigamente, no português também, até se darem conta de que, como acontece com muitas palavras, ela estava sendo mal aproveitada, que o seu sentido verdadeiro não era o seu sentido autêntico. "Plúmbeo", por exemplo, quer dizer, oficialmente, relacionado com o chumbo, mas é óbvio que é o som de alguma coisa caindo na água, inclusive chumbo. E você não pode ter uma palavra como "esdrúxula" no vocabulário sem usá-la para descrever coisas que são, bem, tão esdrúxulas que nenhuma outra palavra as descreveria melhor.

Ainda mais que "proparoxítona" (apesar de também poder ser nome de remédio) é um nome perfeitamente adequado para uma palavra com o acento na antepenúltima sílaba. "Esdrúxula" estava liberada para a sua nova função em português. Mas "esdrúxula" era tão esdrúxula, mesmo como sinônimo de esquisitice extrema, que acabou em desuso. Foi sendo cada vez menos usada entre nós. Até chegarem as eleições de 2002.

Se não tiverem nenhuma outra consequência na vida nacional, as eleições deste ano terão servido para recuperar o uso da palavra "esdrúxula" no Brasil. Pois só ela serve para definir as alianças sendo feitas entre partidos e personalidades para fins eleitorais. "Estranhas" é pouco, "malucas" também, "estapafúrdias" é brando, "inacreditáveis" não diz tudo, "desconcertantes" não diz a metade. "Esdrúxula" é a palavra. E, no fim, é a desculpa. Pois "esdrúxulo" significa tão longe de qualquer explicação possível que a palavra traz em si a sua própria absolvição. Estamos na terra do vale-tudo, ou do vale-nada, em que todas as palavras perderam todo sentido.

Alfabeto

Do baú:

A — Primeira letra do alfabeto. A segunda é "L", a terceira é "F" e a quarta é "A" de novo.

AH — Interjeição. Usada para indicar espanto, admiração, medo. Curiosamente, também são as inicias de Alfred Hitchcock.

AHN? — O quê? Hein? Sério? Repete que eu sou halterofilista.

AI — Interjeição. Denota dor, apreensão ou êxtase, como em "Ai que bom, ai que bom". Arcaico: Ato Institucional.

AI, AI — Expressão satírica, de troça. O mesmo que "Como nós estamos sensíveis hoje, hein, Juvenal?".

AI, AI, AI — Expressão de mau pressentimento, de que em boa coisa isto não pode dar, de olhem lá o que vocês vão fazer, gente.

AI, AI, AI, AI — O mesmo que "Ai, ai, ai", mas com mais dados sobre a gravidade da situação. Geralmente precede uma reprimenda ou uma fuga.

B — Primeira letra de Bach, Beethoven, Brahms, Béla Bartók, Brecht, Becket, Borges e Bergman mas também de Bigorrilho, o que destrói qualquer tese.

BB — Banco do Brasil, Brigitte Bardot, coisas desse tipo.

BELELÉU — Lugar de localização indefinida. Em alguns mapas fica além das Cucuias, em outros faz fronteira com Cafundó do Judas e Raio Que os Parta do Norte. Beleléu tem algumas características estranhas. Nenhum dos seus matos tem cachorro, todas as suas vacas estão no brejo — e todos os seus economistas são brasileiros.

C — Uma das letras mais populares. Sem ela não haveria Carnaval, caipirinha, cafuné e crédito e a coisa seria bem mais complicada.

CÁ — Advérbio. Quer dizer "aqui no Brasil". Também é o nome da letra K, de kafkiano, que também quer dizer "aqui no Brasil".

CÊ — Diminutivo de "você", como em "cê soube?" ou "cês me pagam". Também se usa "cezinho" mas em casos muito particulares, a sós e com a luz apagada.

CI — Ser mitológico. Na cultura indígena do Amazonas, a mãe de tudo, a que está por trás de todas as coisas, a responsável por tudo que acontece (ver CIA).

CO — "O outro". Como em copiloto (o outro piloto), coadjuvante (não o adjuvante principal, o outro) e coabitação (morar com a "outra").

CÓ — O singular de "cós", como em "cós das calças", que até hoje ninguém descobriu o que são.

D — 500 em latim. Vale meio M, cinco Cs e dez Ls.

DDD — Discagem Direta a Distância, ou Dedo Dolorido De tanto tentar.

DE — Prefixo que significa o contrário, o avesso. Como em "decúbito", ou com o cúbito para cima.

E — Conjunção. Importantíssima. Sem o E, muitas frases ficariam ininteligíveis, dificultando a comunicação entre as pessoas. Em compensação, não existiriam as duplas caipiras.

E? — E daí? Continue! Qual é a conclusão? Qual é o sentido dessa história? Onde você quer chegar, pombas? Vamos, fale, desembuche.

É — Afirmativa, confirmação, concordância. Também usado na forma reflexiva ("Pois é"), na forma interrogativa ("É?"), na forma reflexiva interrogativa ("Né?") e na forma interrogativa retórico-histriônica reflexiva ("Ah, é?").

É... — Com reticências, o mesmo que "Pois é", mas como expressão de desânimo ou resignação filosófica, muito usado por torcedores do Palmeiras e em comentários sobre o ministério do Lula.

F — Antigamente, escrevia-se "ephe".

FH — Em desuso.

GHIJKLMNOPQRSTUV — Letras que precedem o W, o X e o Z e sem as quais nenhum alfabeto estaria completo.

W — De "Wellington" ou "Washington". Só é mantida no alfabeto brasileiro para ser usada por jogadores de futebol, que têm exclusividade.

X — No Brasil, "queijo".

Z — O "S" depois de um choque elétrico.

ZÉ — A gente. Ver também "Mané".

ZZZZ — Sssshhhh!

Outro assunto

Costuma-se citar a controvérsia sobre o sexo dos anjos que tomou conta da Igreja durante um certo período como exemplo extremo do que não tem nada a ver com nada, do detalhismo inútil, da perda de tempo com o desimportante e com o supérfluo, da futilidade tratada com mais ciência do que merece, ou da simples desconversa. Mas para os doutores da Igreja medieval reunidos em concílio o assunto era de grande importância. Nenhum deles estava desconversando ou entregando-se a um preciosismo vazio, estavam definindo um artigo da sua fé. Não sei bem como terminou a controvérsia. Parece que concluíram que os anjos tinham dois sexos, como os humanos, mas que isso não devia preocupar porque os sexos não eram opostos.

O assunto é relevante, portanto, e aproveitei uma experiência mística que tive na semana passada, quando meu anjo da guarda se materializou na minha frente, na mesa do café da manhã, para tirar qualquer dúvida. Ele ou ela ainda nem tinha se sentado e eu já estava perguntando:

— Qual é o seu sexo?

— Sou seu anjo da guarda e estou aqui para lhe dizer que... O quê?

— Você tem sexo?

Ele ou ela não gostou.

— Tenho, mas deixei em casa — respondeu, com rispidez.

— É só para resolver uma dúvida antiga.

— Tenho sexo, mas isso não interessa. Estou aqui para...

— Masculino ou feminino?

Ele ou ela suspirou.

— Você não quer saber por que estou me materializando na sua frente?

— Quero, quero. Mas antes me responda...

— Não respondo nada! Vim para lhe avisar que esse negócio de terrorismo está deixando as pessoas meio irracionais, que estamos nos aproximando de um ano eleitoral e o pessoal está jogando pesado, que os ânimos estão exaltados, e que você, com esse seu esquerdismo que eu, confesso, nunca entendi muito bem, precisa cuidar do que escreve.

— Eu sei, eu sei.

— O melhor mesmo é não falar em política. Escolher outro assunto.

— Mas eu já escolhi outro assunto.

— Qual é?

— O sexo dos anjos.

— Mas é uma obsessão!

Sem título

Sei que vou morrer aqui dentro. Não sei se nasci aqui dentro. Nem sabia que se nascia, ou como se nascia, até ler, há algumas passagens do sol e das estrelas pela claraboia, um livro de biologia onde aprendi o que é preciso para nascer: uma mãe, de dentro da qual se sai, e um pai que nos bota dentro da mãe. Se tive uma mãe e um pai, não há vestígios deles aqui. Não há vestígios de ninguém aqui. Só, claro, os livros, vestígios de quem os botou nas estantes em ordem alfabética por autor, assunto ou título. Se não fosse a ordem alfabética, eu desconfiaria que os livros sempre estiveram nas estantes, que ninguém os botou ali ou os organizou, mas deduzi pela ordem que houve um organizador dos livros, que depois desapareceu, não sei por onde, já que a única saída daqui é pela claraboia no teto, muito longe do chão para ser uma saída, exceto para um ser alado. Além dos livros, só existe esta escrivaninha, este tinteiro seco, esta pena e estes papéis em que escrevo com meu próprio sangue. Descobri a ordem dos livros muito tarde, por isso só cheguei à biologia depois de ler ou comer livros de Yoga, Weber e Wittgenstein, passando por Islamismo, Hegel, Gargântua, Farmácia, Espiritismo, Dicionários, Cervantes,

Bricolagem etc. pois comecei na ponta errada do alfabeto. Me ensinei a ler com um livro de Zoroastrismo, um processo penoso que levou várias passagens do sol e das estrelas pela claraboia, e só há pouco, na letra C, descobri que existe uma coisa chamada Cartilha que ensina a ler rapidamente, o que teria me poupado muito tempo se eu soubesse antes, e que devorei com raiva. Por ter percorrido o alfabeto de trás para diante, li Freud antes de ler Aristóteles, o que me deixou confuso, e a teoria de Darwin sobre a evolução das espécies antes de ler Gênesis, o que me deixou perplexo, talvez porque toda a questão da descendência humana só começasse a fazer sentido para mim depois que descobri a biologia, pouco antes de descobrir a Bíblia. Ter lido o livro de biologia antes de, por exemplo, o marquês de Sade ou os poemas de Petrarca também teria me ajudado muito e lamentei minha conclusão tardia de que comendo só os livros mais finos e as brochuras eu teria preservado os grossos e os encadernados para fazer a pirâmide com que pretendia chegar à claraboia para sair daqui, e agora não estariam me faltando livros para os últimos degraus. Durante toda a minha vida nunca tive critérios na escolha dos livros para comer e dos livros para ler, comi os mais apetitosos ou que pareciam mais nutritivos. Usei meu instinto. Só o instinto explica que eu tenha sobrevivido tanto tempo sem pai nem mãe nem as calorias que são indispensáveis para a vida e o crescimento, como li não me lembro em qual livro que depois comi. Deve ter sido o instinto de sobrevivência, pois não tenho memória do fato que me levou a descobrir e abrir a porta que levava ao pequeno banheiro anexo à biblioteca e descobrir e abrir as torneiras que me salvaram de morrer de sede, e usar o vaso onde diariamente expilo o resultado final da dieta de papel, cartolina, couro, cordão, traças e cola que metabolizo, e o espelho onde descobri que sou parecido com os seres que vejo nas ilustrações dos livros, menos os do Picasso, e onde acompanhei a minha lenta transformação de criança em homem. Só quando cheguei à letra B de Burroughs descobri o livro em que Tarzan dos Macacos também aprende a ler sozinho, na biblioteca do seu pai, abandonado com sua mãe na costa da África, da mesma maneira que eu tinha aprendido a ler decifrando o livro de Zoroastrismo, só com menos dificuldade. E só quando cheguei à letra A de Atlas descobri que a África existe mesmo, que é um continente entre outros continentes do globo terrestre e tive uma iluminação: havia um mundo fora da biblioteca, o mundo não era só o que havia nos livros. Eu chegara a deduzir que saíra de um livro, que era um personagem ou uma ilustração como os outros. Que simplesmente escapara de um livro, o que explicaria eu estar ali sem qualquer vestígio da minha origem. Mas, digerindo o Atlas depois de comê-lo, deitado no chão de barriga para cima, olhando a claraboia lá no alto onde eu via passar o sol e as estrelas e contava o tempo da minha vida, tive a iluminação: os livros eram, todos, sobre um mundo que existia. Lá fora, onde passavam o sol e as estrelas. A biblioteca não era o mundo, era um lugar no mundo, talvez até na África. E no mesmo instante tive outro lampejo: os livros me ajudariam a sair dali! Ao passar por E (Espinosa, Etimologia, ... *E o vento levou*), lera um livro sobre o Egito e as pirâmides. Era isso! Eu construiria uma pirâmide de livros no chão da biblioteca e, subindo pela pirâmide, chegaria à claraboia, e à saída. Comecei a construir a pirâmide imediatamente, fazendo um grande triângulo com livros no chão.

Depois viriam outros triângulos de livros em cima deste, um menor do que o outro formando degraus que eu galgaria com mais livros para fazer outro triângulo menor do que o anterior, e outro, e outro, até chegar a um triângulo superior de onde eu poderia abrir o vidro da claraboia e sair.

Calculei, com a ajuda de uns livros de cálculos (aprendi tudo nos livros, inclusive Biblioteconomia e como se fazem livros, e que a gente morre), a altura do chão até o teto e que tamanho deveria ter o triângulo básico para que o cume da pirâmide alcançasse a claraboia, mas logo me deparei com outro problema logístico. A pirâmide tinha que ser sólida para não ruir por isso deveria ser construída com os volumes mais encorpados, portanto mais nutritivos, justamente os que eu precisaria comer para ter forças para construir a pirâmide. O jeito era racionar os livros, mas eu já tinha comido boa parte da biblioteca, não sobravam tantos livros assim para construir a escada para minha salvação e me alimentar ao mesmo tempo. Decidi trabalhar rapidamente, tentando disfarçar a fome com páginas avulsas e sobrecapas e contracapas arrancadas a esmo, para não afetar o volume dos livros, mas aí aconteceu o seguinte: no processo de carregar os livros das estantes para a pirâmide eu encontrava livros que tinham me escapado (só agora descobri Diderot) ou que tinham me agradado tanto que eu precisava reler ou trechos sobre sexo que eu não tinha entendido antes de chegar à Biologia, e muitas vezes me sentava num degrau para lê-los, em vez de trabalhar. Por isso, a pirâmide levou mais tempo para ser erguida e eu precisei comer mais para ter força para erguê-la do que o calculado, e o resultado é que faltaram livros para os últimos degraus e nem pulando eu alcanço a claraboia.

Concluí que os livros nos enlevam, mas nunca o bastante, e que ao mesmo tempo que nos aproximam de uma revelação final podem nos distrair e atrasar nosso progresso. E decidi que, se não tinha começado num texto, acabaria num texto. A única saída era me transformar num personagem também, como os personagens dos livros, que habitam a biblioteca sem precisar saber por quê, ou querer sair, ou se angustiar com o tempo que passa além da claraboia.

Assim deixo um sinal de que estive aqui e pelo menos fiz perguntas, e me eternizo como eles. Como Tarzan e os outros. Se o organizador voltar um dia, pela claraboia ou pela porta que eu nunca encontrei, espero que me perdoe pela bagunça e coloque este meu escrito numa estante em alguma ordem.

Preciso pensar num título. Lugar nas estantes é que não faltará, pois tudo que não comi está na pirâmide incompleta. O tinteiro estava seco, mas eu sabia onde encontrar tinta, depois de passar a vida cortando dedos em bordas de papel. Estou escrevendo com meu sangue. Outro problema logístico: chegar ao fim deste manuscrito e botar um título antes de me esvair, perder todo o sangue e morrer. E já estou começando a ficar tonto...

Grande irmão

Tortuosos são os caminhos da língua. Espera um pouquinho, ficou meio pornográfico. Deixa eu começar de novo. É curioso o que o tempo e o uso fazem com alguns termos. "Kafkiano", por exemplo, já perdeu qualquer contato com a literatura que lhe deu origem e é usado por gente que nem sabe quem foi Kafka — o que não deixa de ser meio kafkiano. "Relaxado" não quer mais dizer relapso ou descuidado como no tempo em que me criticavam por não arrumar meu quarto, ou nojento só porque limpava ranho com a manga. Hoje se refere a quem, para usar outro termo alterado, "está relax", descontraído, numa boa, tomando seu drinque com guarda-chuvinha como se nada tivesse acontecendo. Etc. etc.

Imagino que o "Big Brother" do título desse programa venha do livro *1984*, em que os habitantes do futuro imaginado por George Orwell viviam sob vigilância permanente de um poder totalitário e eram constantemente lembrados que "o Irmão Grande está vendo você". O "Big Brother" de Orwell não queria ver ninguém se amando, pois o sexo era proibido, e seu controle de cada movimento das pessoas era o principal terror do "paraíso" que Orwell previa para a humanidade, um olho implacável da moral dominante do qual era inútil tentar escapar. Corta para 2002. No Brasil, este outro falso paraíso, tem gente brigando para se expor diante do olho implacável e o que o "Big Brother" daqui, o grande público, mais quer ver são cenas de sexo. A câmera indiscreta a serviço de uma ideia obsessiva de organização social deu lugar a uma obsessão maior, a vontade universal de saber o que se passa na casa do vizinho. Não sei se houve ironia inicial (dos holandeses, é isso?) na escolha do nome do programa, mas ela é clara: 1984 já passou e o tirânico "Big Brother" de Orwell, felizmente, não veio, mas a sua ideia de câmeras bisbilhoteiras era ótima. E elas servem a outra ditadura, que também nos manipula e tiraniza: a ditadura da desconversa. Pois se o Grande Irmão agora é o público, as câmeras reveladoras não se voltam para o poder, voltaram-se para gente como nós se expondo e fofocando por dinheiro. O controle é o mesmo.

"Bisbilhotar" vem do italiano "bisbigliare", ou "parlare sommessamente, dire sottovoce, mormorare, sussurare" e, portanto, é outra palavra que se desviou do caminho.

A mágica do rádio

Não posso dizer que me decepcionei na primeira vez em que vi um jogo de futebol no campo. Naquele tempo — pelo menos em Porto Alegre — ainda não havia arame ou fosso protegendo o campo da torcida, podia-se ver o jogo debruçado sobre uma cerca baixa de madeira, na beira do gramado, só se arriscando a levar uma bolada ou ser atropelado por um jogador sem freios. Sentia-se o cheiro da grama, ouvia-se o xingamento entre os adversários — era outro universo. Mas estranhei a ausência do locutor. Descobri que futebol apenas visto (não existia, crianças, nem radinho de pilha para se levar ao jogo) era muito diferente de futebol "irradiado".

Os locutores de rádio nos acostumaram com uma narrativa dramática, mesmo que nada de muito emocionante estivesse acontecendo em campo. Pelo rádio, os ataques do nosso time eram sempre cargas épicas contra a defesa inimiga, e os gols do nosso time não eram apenas bolas na rede, eram bolas na rede acompanhadas por um grito triunfal, que repetíamos — Goooooooool! — com entusiasmo feroz. No campo, naquela primeira vez, senti falta do drama ininterrupto que o locutor fornecia. O futebol ao vivo, paradoxalmente, era mais incompleto do que o futebol narrado.

A mágica do rádio era esse outro universo, feito só com vozes. O rádio não era som sem imagem, uma realidade pela metade. Era som criando imagens, uma realidade diferente. Isso não valia apenas para o futebol. O "radioteatro" era mais realista do que qualquer novela da TV porque quem fornecia a cenografia, a paisagem e o ambiente era o próprio ouvinte, na sua cabeça — e com recursos ilimitados. O próprio noticiário de rádio tinha uma autoridade que a TV nunca conseguiu reproduzir, talvez porque uma voz firme concentrasse mais a atenção do que a visão de um locutor emitindo-a, e ainda por cima maquiado.

Claro que não deixei de ir ao campo para ficar em casa ouvindo a narração, imaginando jogos sensacionais em vez de vendo jogos nem sempre tão animados. Mas só com o advento do rádio transistor, que tornou possível estarmos em dois universos simultaneamente — o do jogo contado e o do jogo presenciado —, é que senti que minha experiência do futebol estava completa. Eu tinha o futebol de fato, e o futebol das vozes. O mágico.

Mas isso foi há muito tempo. Hoje sou um torcedor relapso, reduzido a reminiscências nostálgicas. E pay-per-view.

Me liga

O gesto usado para significar "telefone" revela a idade de qualquer um. Ainda existe gente que toca uma manivela imaginária perto do ouvido quando quer dizer, de longe, "me liga", ou "vou te ligar". Para a grande maioria da população, esse é um gesto sem sentido. O que manivela tem a ver com telefone? Antigamente, muito antigamente, todos os telefones tinham manivela. O telefone original era com manivela. Quando Alexander Graham Bell fez o primeiro telefonema da história, ligando para um assistente na sala ao lado, usou a manivela. (E não é verdade que o assistente, ao atender, disse: "Quem fala?".) Mas hoje girar a mão como quem gira uma manivela ao lado da cabeça só significa que a pessoa é maluca. Ou muito antiga.

Outro gesto datado é girar o dedo no ar. Do tempo em que os telefones tinham discos, lembra? Você introduzia o dedo no buraco correspondente ao número desejado e rodava o disco. Fazer isso em forma de mímica deixava claro para a pessoa distante que você se referia ao telefone (e a mensagem era "me liga", ou "vou te ligar"), a não ser que você a estivesse convidando para dançar — ou coisa pior. Já existe toda uma geração que nasceu, cresceu e se tornou adulta na era pós-disco e para a qual o dedo girando no ar também perdeu qualquer sentido. Não quer mais nem dizer "vamos dar umas voltas pelo salão?". Mesmo porque hoje ninguém mais dá voltas no salão, dançam sem sair do lugar. E, pensando bem, os próprios salões seguiram os telefones com disco para a obsolescência. Os poucos que restam também são só para efeito de nostalgia.

Curiosamente, não existe nenhum gesto semafórico que imite a ação de digitar os números num telefone moderno. Talvez porque um dedo sendo espetado repetidamente no ar acabasse sendo um gesto mais grotesco do que expressivo e, como a manivela fantasma, despertasse dúvidas sobre a sanidade mental do mímico. A digitação foi esquecida e hoje a representação universal de telefone é a mão no ouvido com o mindinho e o dedão estendidos. É um gesto definitivo, porque só pode significar telefone, sem mal-entendidos possíveis. E é um gesto recente que demorou, estranhamente, a ser adaptado, pois também valeria para os fones antigos, se alguém tivesse pensado nele antes. Mais uma prova de como a humanidade, às vezes, demora para descobrir o óbvio. O mindinho e o dedão estendidos valerão como mímica até que chegue a era dos telefones implantados na gente, quando ninguém precisará mais sinalizar "me liga", ou "vou te ligar". Pois estará todo mundo permanentemente ligado com todo mundo.

Outra evolução na história da telefonia, paralela ao avanço técnico, foi no linguajar das telefonistas. O "alô" só varia de língua para língua — "olá", "hello", "pronto", o enigmático "estou" de Portugal etc. —, mas o que vem depois, ou o que a telefonista diz antes de dizer que quem você procura está em reunião, também vem se modificando com o tempo. Consagrou-se, por exemplo, o "quem gostaria?". É uma abreviação da frase "Quem gostaria de falar com o dr. Fulano se ele não estivesse em reunião?", claro,

mas, mesmo assim, é uma frase inquietante, como todas as frases incompletas. Você sabe que só precisa dizer o seu nome, mas fica com a impressão de que estão falando de outro. De alguém de quem você é apenas um porta-voz... Você hesita. Ela repete:
— Quem gostaria, por favor?
— Hã... ele.
— Quem é ele?
— Eu. "Ele" sou eu.
— E quem é o senhor?
— Eu sou o que gostaria.
— Seu nome, por favor.
— Por que não disse isso antes? Meu nome é...
Resolvida a questão de quem gostaria, passa-se para outra questão, mais difícil.
— De onde?
— Como?
— De onde?
— Bem... daqui.
— Daqui onde, por favor?
— De onde eu estou falando!

Ela quer saber que empresa, que organização, que entidade privada ou pública, que interesses, que outra esfera de realidade, além da sua insignificante pessoa física, estão por trás da sua chamada. Não adianta tentar brincar e dizer coisas como "Da barriga da mamãe". As telefonistas não estão ali para brincadeiras. As telefonistas estão ali para saber quem gostaria e de onde gostaria.
— De onde?
— É particular.
— Um momentinho, por favor.

Aí entra a musiquinha. Outra novidade relativamente recente no mundo da telefonia é esta: momentinho tem musiquinha.

Como o momentinho raramente faz jus ao diminutivo, a musiquinha se prolonga, e já houve casos de um momentinho durar por todo o ciclo dos *Nibelungen* de Wagner... mais um pouco de Djavan.
Finalmente:
— O dr. Fulano está em reunião.
— Obrigado.
Você liga de novo. Identifica-se como quem gostaria e diz de onde.
— O senhor não acabou de telefonar? Eu disse que o dr. Fulano está em reunião.
— Eu sei, mas desta vez só quero ouvir a música.

"Zeitgeist"

"Prezado M:

"Entendo seu entusiasmo com o verso que acaba de me mandar. Realmente, é um raro exemplo de exteriorização poética, a começar pela reiteração inicial: 'Eu mato, eu mato...'. A brutal assertiva evoca à perfeição a têmpera destes dias, o nosso 'zeitgeist'. Perderam-se as ilusões com a justiça e as esperanças de regeneração, e com todas as instâncias jurídicas. Vivemos num deserto de valores morais. O poeta não diz 'eu reprimo', 'eu castigo', 'eu mando prender'. Diz e repete 'eu mato'. Que retribuição se pode esperar onde a justiça não faz justiça e a cadeia não segura o ladrão? O poeta ameaça fazer sua própria justiça porque não tem outra. Revertemos ao animal primevo com as presas à mostra, num ricto de vingança selvagem. Uma hiena ganindo entre as ruínas de uma civilização falida.

"Segue o poema: '... quem roubou minha cueca...'.

"Há aqui algo que evoca Eliot, com seu constante recurso ao aparentemente banal — no caso, a cueca — em contraponto às alusões clássicas e míticas, e que acabou sendo um viés da poesia moderna (Auden, Drummond). Não seria, talvez, demais ler a cueca como metáfora. A cueca representa o que temos de mais íntimo, recôndito, profundo. O que temos de mais nosso. O que o 'zeitgeist' nos roubou. Ou seja: a nossa alma. Onde está 'cueca' leia-se 'alma'. Sem a cueca ficamos nus. Sem a alma também estamos reduzidos a apenas o nosso corpo.

"Mas quem roubou a nossa cueca/alma? Quem nos trouxe, desprotegidos, para este deserto?

"Quem merece a raiva do poeta? Que a raiva é merecida fica evidente na última linha do verso: '... pra fazer pano de prato!'.

"A suprema degradação. Nossa alma secando pratos. O fim de uma geração que conseguiu chegar à Lua mas se perdeu no caminho da privada. Quem é o culpado? Também queremos ganir de indignação como o poeta mas não sabemos em que direção. Para o alto? Para o lado? Para que lado? Quem, afinal, roubou nossa cueca pra fazer pano de prato?

"Mas, enfim, poesia é isso mesmo, não é não? Perguntas sem respostas. Se houvesse resposta não seria poesia. Um grande abraço do L."

"Prezado L:
"Gostei muito do que você escreveu sobre o verso que mandei, mas preciso fazer uma confissão: mandei o verso errado. Queria que você comentasse um poema do Baudelaire mas me atrapalhei (sou um pré-eletrônico, você sabe) e acabei mandando a letra de uma marchinha de Carnaval que, sei lá por quê, estava armazenada no meu laptop. Mas obrigado assim mesmo. Grande abraço, M."

Padre Alfredo

O padre Alfredo estava ficando velho. Todos na paróquia concordavam: era triste, mas o padre Alfredo precisava se aposentar. Durante anos ele servira a comunidade com dedicação e sabedoria. Mas seu tempo estava acabando. Era bonito vê-lo batizando netos de gente que ele também batizara, mas era constrangedor vê-lo se confundindo e derramando a água benta na cabeça do avô em vez do neto. E comentava-se que suas aulas de catecismo também tinham se tornado confusas. Por alguma razão, ele insistia que o pai de Jesus não se chamava José, mas Clóvis.

O primeiro sinal de que o padre Alfredo deveria ser substituído foi na inauguração do microfone, na missa. Ele resistira o quanto pudera, mas finalmente fora convencido a aceitar a novidade. Todos os padres estavam usando microfones durante o serviço religioso. Alguns traziam o microfone preso no peito, para ficarem com as mãos livres. Quando empunhou o microfone pela primeira vez, o padre Alfredo examinou-o em silêncio por alguns minutos e depois o levou à boca e começou a cantar um bolero. O que mais espantou os fiéis foi o padre Alfredo saber toda a letra de "Tu me acostumbraste".

O padre Alfredo dormia durante as confissões. Só acordava quando o penitente, estranhando o silêncio do outro lado do gradil, falava mais alto.

— E então, padre?
— Ahn?
— Qual é a penitência?
— Penitência?
— Pelos meus pecados.
— Dezessete ave-marias e vinte e nove padre-nossos.
— Mas, padre, não houve penetração.
— Não interessa.
— O senhor nem ouviu os pecados!
— Mais trinta salve-rainhas pela insolência. E corta os doces por um mês.

Mas o que levou membros da comunidade a pedir a interdição do padre Alfredo foi seu comportamento na cerimônia de casamento do Agenor e da Maria Estela. Igreja lotada. Autoridades presentes. Grande pompa. O organista tocando seleções de Lloyd Webber. Entre aias, padrinhos e parentes, mais de cinquenta pessoas no altar. E o padre Alfredo, que aderira ao microfone preso no peito, perfilado no seu lugar, com os olhos fechados. Tensão na igreja. Num casamento recente, o padre Alfredo lançara-se numa longa dissertação sobre o significado da união entre o homem e a mulher, começando com Adão e Eva, passando por Clóvis e Maria e chegando aos nossos dias, com o sacramento tão desprestigiado, e tanta gente vivendo junta sem benefício de matrimônio. E terminara pedindo à congregação uma salva de palmas para o casal à sua frente, que decidira se casar na igreja. Ele mesmo liderara o aplauso, como um chefe de torcida. O que o padre Alfredo iria aprontar agora?

O padre Alfredo custou a começar a cerimônia. O pai da noiva já se preparava para cutucá-lo, temendo que o padre estivesse dormindo em pé, quando ele abriu os olhos, sorriu para os noivos e perguntou:

— Vocês têm certeza?

Noivo e noiva se entreolharam. O padre continuou:

— Vocês sabem o que estão fazendo?

O Agenor se sentiu na obrigação de responder.

— Sim, padre.

— Já pensaram no que vem por aí? Uma vida inteira, juntos? As brigas, às vezes por mesquinharia? O ciuminho? Os sogros se metendo? As diferenças: filme de pancadaria ou filme romântico? Luz acesa para um ler quando o outro quer dormir? Um não podendo viver sem ar refrigerado, apesar da rinite do outro? Já pensaram?

E um murmúrio de perplexidade percorreu a plateia quando o padre Alfredo acrescentou:

— E ainda por cima tem os filhos. Outra incomodação.

O padre retirou-se do altar com um abano, aconselhando os noivos:

— Pensem melhor, pensem melhor...

Não havia dúvidas. O padre Alfredo precisava se aposentar.

Paula

Depois de casarem o último dos seus cinco filhos, Paula contou para o marido que o encontro deles não tinha sido casual, como ele pensava.
— Que encontro?
— O nosso. Há cinquenta anos.
— Eu sempre desconfiei que você tinha planejado tudo, para me fisgar — disse o Osmar, rindo.
Mas Paula estava séria.
— Não planejei nada. Planejaram por mim.
— Quem?
— Eu tinha ordens para me infiltrar na sua vida. Casar com você se fosse preciso. Acompanhar você em tudo, me informar sobre todas as suas atividades e passar a informação para eles.
— Eles quem?
— Meu casamento com você não foi um casamento, Osmar. Foi uma missão.
Osmar começou a rir de novo. Parou quando viu que Paula continuava séria.
— Mas, Paula, você sempre foi uma esposa perfeita. Perfeita!

— E você nunca desconfiou disso? Uma mulher que fazia todas as suas vontades? Que nunca contrariou você em nada? Uma mulher perfeita? Eu estava apenas protegendo os meus interesses.
— Mas... E os nossos cinco filhos?
— Sempre que eu desconfiava que você estava perdendo o interesse em mim e no nosso casamento, engravidava. Para não comprometer a missão.
— Você também foi uma mãe perfeita!
— Sou uma boa profissional.
— Como você mandava a tal informação?
— A princípio fazia relatórios escritos e deixava em locais predeterminados. Depois comecei a registrar tudo eletronicamente neste aparelhinho que me deram.
— Quer dizer que você nunca foi surda desse ouvido?
— Sempre ouvi perfeitamente dos dois. Gravava tudo, depois colocava a fita no local que tinha combinado com eles.
— Mas "eles" quem?
— Pois é.
— Como, "pois é"?
— Eu não lembro mais quem eram eles. Na última vez que levei uma fita para o tal lugar secreto, a fita anterior não tinha sido recolhida. A tal missão deve ter sido desativada e não me avisaram.
— Você não lembra para quem trabalhava?
— Não.
— E o que eles queriam saber a meu respeito?
— Também não me lembro.
— Paula, Paula...
— Bom, pelo menos educamos os nossos filhos. Estão todos casados e bem encaminhados na vida...
— Missão cumprida.

— Missão cumprida.
— Boa noite, Paula.
— Juraci.
— O quê?
— "Paula" era codinome.

Resoluções

Vou usar fio dental depois de cada refeição e me esforçar para promover a paz mundial, não necessariamente ao mesmo tempo. Vou organizar meus livros e LPs em ordem alfabética, jogar fora minha coleção de minhocas e parar de ligar o chuveiro para a mãe pensar que eu estou tomando banho enquanto fico sentado na tampa da privada lendo gibi. Vou...
Espera um pouquinho. Essa é uma lista de resoluções de ano- -novo antiga. Onde está a lista deste ano?
Vou tomar coragem e pedir D. em namoro. Vou contar pra ela o que eu faço todas as noites antes de dormir só pensando na pintinha que ela tem em cima do lábio, mas com todo o respeito. Vou desenterrar as minhas revistas de nudismo suecas e tocar fogo para não ficar tentado a trair a D. com nenhuma outra mulher, nem na imaginação. Vou tentar melhorar em matemática, comer mais verdura e...
Também não é essa!
Está decidido, este será o ano da minha independência. Vou sair de casa, cortar laços que me prendem à família e viver pelos meus próprios meios, desde que o velho concorde em dar uma

ajuda. Plano para o ano-novo: me aperfeiçoar no twist. Ler mais. Deixar o gibi.

Também não.

Devo me tornar uma pessoa mais interessante. Talvez deixar crescer o cabelo e usar jeans apertados. Sair de casa, desta vez para valer. Dedicar-me a assuntos sérios, como geopolítica ou percepção extrassensorial. Escolher um. Adotar uma atitude mais serena e filosófica diante dos infortúnios e de comentários jocosos, afinal futebol não é tudo na vida. Controlar o peso.

Também não é a lista deste ano!

Ler Marx para pelo menos saber do que se trata. Decorar algumas frases, como "É preciso ver isso holisticamente..." para usar em conversas. Tentar encontrar Deus, ou pelo menos uma mulher que preencha os mesmos requisitos. Cuidar do açúcar, do colesterol e das más companhias.

Essa também não.

Finalmente, encontrei! Minha lista de resoluções para o ano de 2011. São dez.
1. Chegar ao ano 2012.
2. Tentar, mais uma vez, ler A *montanha mágica*.
3. Fazer exercício.
4. Encontrar maneiras originais de justificar a falta de exercício.
5. Sair da frente da televisão e redescobrir que há vida além do controle remoto.
6. Só acreditar na vitória do Internacional no próximo mundial de clubes quando ele estiver vencendo a final por três gols faltando um minuto para terminar o jogo.
7. Contatar a Soledad Villamil para discutir maneiras de estreitarmos os laços Brasil-Argentina sem dar muito na vista.

8. Aprender a dançar tango, se não for tarde demais.
9. Ouvir mais Gustav Mahler e Guinga.
10. Usar o fio dental depois de cada refeição e me esforçar para promover a paz mundial, não necessariamente ao mesmo tempo.

Infalibilidade

Os reis estão mais seguros do que os ditadores no Norte da África e no Oriente Médio. No Marrocos e na Jordânia, pelo que se lê, a queda dos reis não está entre as reivindicações principais da rua. A revolta está custando a chegar na Arábia Saudita, protótipo de autocracia absoluta na região, e o poder dos aiatolás iranianos não parece estar ameaçado, por enquanto. Já os ditadores estão caindo um a um, como jacas. Governavam como reis, mas sem a autorização divina eram reis ilegítimos. Assim, curiosamente, ao mesmo tempo que dá um belo exemplo de conquista popular de democracia e modernidade, a sublevação endossa, indiretamente, a monarquia.

Constantino, que transformou o cristianismo de uma seita clandestina na religião oficial do seu império, escreveu certa vez numa carta que sua conversão tinha sido bem recompensada. "Recebemos da Providência Divina o supremo favor de estarmos eternamente livres de qualquer erro." Os ditadores costumam acreditar que junto com o poder absoluto vêm, implícitos, no pacote, os favores que a Providência Divina concede de nascença aos reis, começando pela infalibilidade. Mas não funciona assim.

Para-infernália. É pura implicância, eu sei. Mas tenho tanta antipatia por toda essa para-infernália eletrônica que, enquanto nos facilita a vida, nos escraviza e nos humilha que vibro a cada notícia de sua desmoralização, por menor que seja. Comemoro cada nova prova de que ela não é infalível. Agora mesmo surgiu um supercomputador, chamado Watson, que venceu dois humanos jogando Jeopardy na televisão americana. Jeopardy é um jogo de perguntas e respostas que testa a memória e o conhecimento, e a capacidade de Watson de armazenar informação, reconhecer a informação que corresponde à pergunta e enunciá-la antes dos humanos representa um grande avanço sobre os computadores que, por exemplo, derrotavam campeões de xadrez, mas com os quais não se podia ter uma boa conversa sobre filmes, livros, a vida alheia etc. O Watson não, o Watson sabe tudo. Leu tudo, viu tudo — mas (arrá!) tem uma falha. O Watson às vezes tem dificuldade em contextualizar. É o que os seus construtores chamam de síndrome de Paris Hilton. Se você o alimentar apenas com as palavras "Paris Hilton" o Watson se confunde, não sabe se a referência é ao hotel Hilton de Paris ou à herdeira maluquete dos Hilton, Paris. E é capaz de ficar mudo para não dar vexame. Um pequeno defeito para um computador, mas uma grande vitória para a humanidade. Eu não conseguiria vencer um computador nem num jogo de damas, mas jamais confundiria a Paris Hilton com um hotel. Ou vice-versa.

Coxas confiantes

Certa vez interrompi a leitura entusiasmada de um romance no trecho em que a heroína estava prestes a se entregar ao narrador porque não conseguia entender como as coxas dela podiam ser confiantes. Coxas confiantes?! Mas estava ali, o narrador entre as coxas confiantes da moça. Mais tarde deduzi que o tradutor do inglês confundira "thrusting" com "trusting" e que as coxas eram para ser ativas, metidas — "ávidas" em linguagem figurada — em vez de cheias de boa-fé, mas aí já passara o entusiasmo.

Nos romances antigos, além de coxas animadas, as pessoas tinham estremecimentos. Hoje, com o ritmo trepidante da vida moderna, ou as pessoas só estremecem quando passa um caminhão ou não se nota mais um estremecimento no sentido literário. Ou talvez "estremecimento" seja como "muxoxo", uma daquelas coisas que só acontecem em livros. Até hoje nunca vi um muxoxo na chamada vida real. Mas como não sei exatamente como é um muxoxo talvez tenha visto e não tenha reconhecido.

Também nunca vi uma sombra passar pelo semblante de alguém como acontecia, repetidamente, nos livros. É linguagem figurada, eu sei, como as coxas ávidas, ou "olhar perdido", mas a tal sombra aparecia tanto na literatura que me convenci de que, como o estremecimento, devia ser algo que existiu e simplesmente saiu de moda. Passei boa parte da minha adolescência com a expectativa de encontrar um colo arfante fora dos livros, mas não tive sorte. Encontrei seios latejantes, mas era o coração delas que latejava, se bem que menos do que o meu. Os livros eróticos eram cheios de inchaços e deflagrações nos lugares mais estranhos do corpo. Mas o relato sexual sempre foi um desafio para a literatura. Nos livros antigos as pessoas também empalideciam muito, a qualquer pretexto. Hoje, ainda ficam pálidas, por anemia ou medo, mas nunca por constrangimento como antigamente.

E as pessoas se ruborizavam! Ninguém mais se ruboriza. No Brasil, há uns bons cinquenta anos não se tem notícia de que alguém tenha se ruborizado.

Com ou sem gás

— Uma mineral — pediu o homem.
— Com ou sem gás?
— Pois é. Decisões, decisões... Com gás. Não, sem. Com.
— O senhor quer couvert?
— Não precisa. Ou então traga, sim. Mas só pão.
— Não quer manteiga? Talvez umas azeitonas?
— Isso. Azeitonas.
— Verdes ou pretas?
— Ah, pode escolher? Verdes. Não, pretas. Verdes. Não importa. Traga as duas.
— O senhor precisa se definir.
— Eu sei, eu sei. É que nem sempre é fácil...
— E a manteiga. Vai querer?
— Hmm. Deixa ver. Você precisa da resposta agora?
— Sim, senhor.
— Manteiga, manteiga... Não. Manteiga não. Ou sim.
— Sim ou não?
— Calma. As escolhas não podem ser assim, definitivas, meu caro. Por exemplo: você quer ser enterrado ou cremado?

— Ainda não pensei nisso.
— Pois é. Eu penso nisso a toda hora. E ainda não cheguei a uma conclusão. Você acredita em vida depois da morte?
— Acredito.
— Eu não sei se acredito. Acredita em Deus?
— Acredito.
— Não tem nenhuma dúvida a respeito?
— Não.
— Eu não sei se acredito ou não.
— Olhe, o prato do dia hoje é filé de peixe à dorê com batatas.
— Pode vir.
— As batatas podem ser fritas ou cozidas.
— Hmm. Certo. Eu quero fritas. Não, cozidas. Fritas!
— Molho remolada ou bechamel?
— O quê?
— Com o peixe. Molho remolada ou bechamel?
— Ai, meu Deus. Deixa eu pensar.
— Remolada ou bechamel?!
— Espera um pouquinho.
— REMOLADA OU BECHAMEL?!
— Você está me pressionando.
— O senhor precisa se decidir, cavalheiro.
— Eu sei. Pensa que eu não sei?
— Remolada ou bechamel?
— Assim não dá. Querem que a gente tenha opiniões definitivas. Como se tudo pudesse ser decidido assim, na hora. Pena de morte, sim ou não? Pagode, sim ou não? Liberação da maconha, sim ou não? Remolada ou bechamel? Mineral com gás ou sem gás é apenas o começo. Depois querem que eu me posicione a respeito de tudo. Pois não lhes darei essa satisfação. Não quero água mineral nem com gás nem sem gás. Vou tomar vinho!

— Tinto ou branco?
— Tinto. Branco. Tinto. Não, branco.
— Seco ou frutado?
— Suspende o almoço!

Conspiração

Coitado de quem, no futuro, tentar entender o que se passava no Brasil, hoje. A perspectiva histórica não ajudará, só complicará mais. Havia uma presidente — Vilma, Dilma, qualquer coisa assim — eleita e reeleita democraticamente por um partido de esquerda, mas criticada pelo seu próprio partido por adotar, no seu segundo mandato, uma política econômica neoliberal, que deveria agradar à oposição neoliberal, que, no entanto, tentava derrubar a presidente em parte pela sua política econômica! Os historiadores do futuro serão justificados se desconfiarem de uma conspiração por trás da contradição. Vilma ou Dilma teria optado por uma política econômica contrária a todos os seus princípios para que provocasse uma revolta popular e levasse a uma ditadura de esquerda, liderada pelo seu mentor político, um tal de Gugu, Lulu, Lula, por aí. Como já saberá todo mundo no ano de 2050, políticas econômicas neoliberais só aumentam a desigualdade e levam ao desastre. Vilma ou Dilma teria encarregado seu ministro da Fazenda, Joaquim (ou Manoel) Levis, de causar um levante social o mais rápido possível, para apressar o desastre. Fariam parte da conspiração duas grandes personalidades nacionais,

Eduardo Fuinha e Renan Baleeiro, ou coisas parecidas, com irretocáveis credenciais de esquerda que teriam voluntariamente se sacrificado, tornando-se antipáticos e reacionários para criar na população um sentimento de nojo da política e dos políticos e também contribuir para a revolta. Outra personalidade que disfarçaria sua candura e simpatia para revoltar a população seria o ministro do Supremo Gilmar Mentes. Uma particularidade do Brasil que certamente intrigará os historiadores futuros será a aparente existência no país — inédita em todo o mundo — de dois sistemas de pesos e medidas. O cidadão poderia escolher um sistema como se escolhe uma água mineral, com ou sem gás. No caso, pesos e medidas que valiam para todo mundo, até o PSDB, ou pesos e medidas que só valiam para o PT. Outra dificuldade para os brasilianistas que virão será como diferenciar os escândalos de corrupção, que eram tantos. Por que haveria escândalos que davam manchetes e escândalos que só saíam nas páginas internas dos jornais, quando saíam? Escândalos que acabavam em cadeia e escândalos que acabavam na gaveta de um procurador camarada? Mas o maior mistério de todos para quem nos estudar de longe será o ódio. Nossa reputação de povo amável talvez sobreviva até 2050. Então, como explicar o ódio destes dias?

Memória e anotações

Imagino que a escrita nasceu da necessidade de não esquecer. O primeiro pré-homem que pensou "preciso me lembrar disso" deve ter olhado em volta procurando alguma coisa que ele ainda não sabia o que era. Era um pedaço de papel e uma Bic. Claro que para chegar ao papel e à esferográfica tivemos que passar antes pelo risco com vara no chão, o rabisco com carvão na caverna, o hieróglifo no tablete de barro etc. Mas a angústia primordial foi a de perder o pensamento fugidio ou a cena insólita. Pense em quantas ideias não desapareceram para sempre por falta de algo que as retivesse na memória e no mundo. A história da civilização teria sido outra se, antes de inventar a roda, o homem tivesse inventado o bloco de notas.

As espécies que não desenvolveram a escrita valem-se da memória intuitiva. O salmão sabe, não sabendo, o caminho certo para o lugar onde nasceu e onde deve depositar seus ovos. Dizem que o elefante guarda na memória tudo que lhe acontece na vida, principalmente as desfeitas, mas vá pedir que ele bote seu ressentimento no papel. Já o homem pode ser definido como o animal que precisa consultar as suas notas. Nas sociedades não letradas as lembranças sobrevivem na recitação reiterada e no mito tribal, que é a memória ritualizada. As outras dependem do memorando.

E mesmo com todas as formas de anotação inventadas pelo homem desde as primeiras cavernas, inclusive o notebook eletrônico, a angústia persiste. Estou escrevendo isso porque acordei com uma boa ideia para uma crônica e botei a ideia num papel. Normalmente não faço isso porque sempre esqueço de ter um bloco de notas à mão para não esquecer a eventual ideia e porque sei, intuitivamente, que se tivesse o bloco de notas à mão a ideia viria no chuveiro. Mas dessa vez a ideia coincidiu com a proximidade de um pedaço de papel e um lápis e anotei-a assim que acordei. Não exatamente a ideia, mas uma frase que me faria lembrar da ideia. Estou com ela aqui. "Conhece-te a ti mesmo, mas não fique íntimo."

E não consigo me lembrar de qual era a ideia que a frase me faria lembrar.

Algo sobre os perigos da autoanálise muito aprofundada? Sobre o pensamento socrático? Ou o quê? Não consigo me lembrar. Um consolo, numa situação dessas, é pensar que se a ideia não é lembrada é porque não era tão boa assim. Mas geralmente se pensa o contrário: as melhores ideias são as que a gente esqueceu. O que é terrível.

O som da época

Desconfio que ainda nos lembraremos destes anos como a época em que vivemos com o acompanhamento dos alarmes de carro. Os alarmes de carro são a trilha sonora do nosso tempo: o som da paranoia justificada. O alarme é o grito da nossa propriedade de que alguém está querendo tirá-la de nós. É o som mais desesperado que um ser humano pode produzir — a palavra "Socorro!" — mecanizado, padronizado e a todo volume. É o "socorro!" acrescentado ao vocabulário das coisas, como a buzina, a campainha, a música de elevador, o "ping" que avisa que o assado está pronto e todos os "pings" do computador. Também é um som típico porque tenta compensar a carência mais típica da época, a de segurança. Os carros pedem socorro porque a sua defesa natural — polícia por perto, boas fechaduras ou respeito de todo mundo pelo que é dos outros — não funciona mais. Só lhes resta gritar.

Também é o som da época porque é o som da intimidação. Sua função principal é espantar, e substituir todas as outras formas de dissuasão pelo simples terror do barulho. O som da época em que os decibéis substituíram a razão. Como os ouvidos são, de todos os canais dos sentidos, os mais difíceis de proteger, foram os escolhidos pela insensibilidade moderna para atacar nosso cérebro e apresentar nossa imbecilização. Pois são os tempos literalmente do barulho.

O alarme contra roubo de carro também é próprio da época porque frequentemente não funciona. Ou funciona quando não deve. Ouvem-se tantos alarmes a qualquer hora do dia ou da noite porque, talvez influenciados pela paranoia generalizada, eles disparam sozinhos. Basta alguém se aproximar do carro com uma cara suspeita e eles começam a berrar.

Decididamente, o som do nosso tempo.

Abstracionismo

Seu Virgílio estava acostumado com turistas visitando a favela. Ele era o único que ficava em casa durante o dia e passava o tempo sentado na frente do barraco, de calção e camiseta, fumando seus cigarrinhos e vendo o movimento. O número de turistas aumentara depois da pacificação do morro. Os turistas vinham em bando. Alguns tinham até guias, que diziam aos turistas para onde olhar, e dizer "hum" ou "ah" ou "meu Deus". Mas aquele turista parecia diferente. Para começar, estava sozinho. E em vez de fotografar o esgoto, as roupas coloridas penduradas e as crianças brincando na lama, fotografava paredes. Paredes. Parara na frente do barraco do seu Virgílio, apontara a câmera para um trecho da madeira que forrava seu exterior e clic. E clic e clic.

Só depois do terceiro clic o fotógrafo se lembrou de perguntar ao seu Virgílio:

— Dá licença?

— Hrmf — respondeu seu Virgílio, o que poderia significar sim ou não.

— Estou fazendo um livro — explicou o fotógrafo. — Se chamará *Superfícies*. Será só de coisas como esta sua parede. Viu como

esse pedaço aqui poderia ser uma pintura abstrata? A madeira estriada, a superposição das tábuas... Poderia ser um Burri.
— Um o quê?
— Burri. Alfredo Burri. Abstracionista italiano.
— Ahn.
— Esta favela está cheia de coisas assim. Há Burris por todo lado. É só saber encontrá-los. E colagens? Materiais corriqueiros usados de forma não convencional, em montagens surpreendentes e esteticamente perfeitas. O que é uma favela, afinal, senão uma grande colagem? Arte pura! Vocês vivem cercados pela arte.

Seu Virgílio perguntou se o fotógrafo poderia lhe dar um cigarro. O fotógrafo não fumava. Depois de mais alguns clics o fotógrafo agradeceu e começou a se afastar, mas aí deu uma coisa no seu Virgílio. Uma coisa que ele mesmo não saberia explicar depois. Deteve o fotógrafo com um gesto e disse:

— O senhor não quer entrar? Tem uma mancha na parede da cozinha que...

A pequena cozinha era a única parte do barraco feita de alvenaria. E havia uma grande mancha na parede.

Uma grande mancha multicolor causada pela umidade e por muitos anos de fritura no ar. Seu Virgílio apontou a mancha para o fotógrafo, que abriu os braços e exclamou:

— Manabu Mabe!

Seu Virgílio também não saberia explicar por que ficara tão feliz por ter um Manabu Mabe na parede, mesmo um Manabu Mabe feito de água infiltrada e fumaça. Nem iria contar para a Ernestina quando ela e os cinco filhos voltassem naquela noite. Sabia que Ernestina perguntaria "Manaquem?!" e diria "Isso é que dá passar o dia inteiro sem fazer nada". Guardaria aquela felicidade só para ele. Gostara de ouvir do fotógrafo que eles viviam cercados pela arte. Não era só miséria. Ou então, pensou seu Virgílio, eu também estou ficando meio abstracionista.

A primeira terça

Dois do um de dois mil e um. As datas deveriam nos fixar no tempo como as coordenadas geográficas nos fixam no espaço, mas a analogia não funciona. Estar no segundo dia do primeiro mês do terceiro milênio não nos dá a mesma certeza de estarmos em algum lugar como dariam graus de latitude e longitude medidos de pontos fixos. O tempo não tem pontos fixos, o tempo é uma sombra que dá a volta na Terra, ou a Terra é que dá voltas numa sombra, e nossa única certeza é que será sempre a mesma sombra — o que não é uma certeza, é um terror.
Dois do um de dois mil e um. Terça-feira. A primeira terça--feira do milênio. Na nossa fome de coordenadas no tempo nos convencemos até de que dias da semana têm características. De que a terça-feira, por exemplo, não serve para nada. De que terça é o dia mais sem graça que existe, sem a gravidade da segunda — dia de remorso e decisões — e o peso da quarta, que centraliza a semana (pelo menos em Brasília), ou a concentração da quinta, ou a frivolidade da sexta. Queremos que passar pelos dias seja como passar por meridianos e paralelos, a evidência de que estamos indo numa direção, e não entrando e saindo da mesma sombra.

Não passando por cada terça-feira com a nítida impressão de que já estivemos aqui.

Já que não há coordenadas e pontos fixos no tempo, contentemo-nos com metáforas fáceis: o significado de estar em dois do um de dois mil e um é que um novo milênio se estende como um imenso pergaminho à nossa frente, esperando para ser preenchido. Podemos escolher nosso destino, desenhar nossos próprios meridianos e paralelos e prováveis novos mundos. É verdade que a passagem do tempo não se mede pela degradação orgânica, e que a cada terça-feira estaremos mais perto da sombra que nunca passa, suspiro e reticências. Nenhum de nós chegará muito longe no novo milênio. Mas é bom saber que ele está aí, inteirão, à nossa espera.

Rabanada

Sobrou uma rabanada. Huguinho viu que tinha sobrado uma rabanada e começou sua progressão em direção à mesa. Lentamente, a princípio, para não atrair atenções. Depois acelerando um pouco até ter a rabanada ao alcance da sua mão. Estendeu a mão e...
— Huguinho!
— Quié, mãe?
— Não toque nessa rabanada.
— Mas, mãe.
— Ofereça para a dona Anita.
— A dona Anita já se encheu de rabanadas.
— E você, quantas comeu?
Huguinho tinha comido dez, mas não era hora de dar munição ao inimigo.
— Duas.
— Não minta. Vá oferecer pra dona Anita.
— Por quê?
— Porque ela é visita. Porque não fica bem alguém da casa comer o último pedaço, seja do que for. Porque a boa educação manda que a pessoa mais velha seja sempre mais bem tratada.

— Quantos anos tem a dona Anita?
— Não interessa. Acho que uns sessenta e oito.
— A dona Anita está comendo rabanadas há sessenta e oito anos. Eu, só há doze.
— Pois então? Ela está mais perto da morte. Tem menos tempo do que você para comer rabanadas.
— Mas já comeu muitas mais do que eu.
— Huguinho, para de embromar e ofereça essa rabanada à dona Anita.
— Não, é sério. E se eu morrer nos próximos dois minutos?
— Só se for de comer tanta rabanada.
— Eu posso muito bem cair morto neste instante. Ou daqui a vinte anos. De qualquer jeito, não terei oportunidade de me igualar à dona Anita na quantidade de rabanadas consumidas em toda a sua vida.
— Huguinho...
— Eu só quero deixar claro que a proximidade da morte não pode ser critério. Teoricamente, todos aqui podem estar perto da morte. Mas só há uma rabanada.
— Ai, meu Deus. Por que nós fomos botar você numa escola experimental? Qual deveria ser o critério, então?
— Quem chegar na rabanada primeiro. E eu estava chegando.
— Ah, é, Huguinho? A lei do mais forte, do mais rápido, do mais oportunista? Onde é que ficam a consideração pelos outros, as boas maneiras, a moral e a ética? Enfim, a civilização?
— Acho que nenhuma forma de civilização resiste a uma última rabanada.
— Você não aprendeu isso nesta casa, Huguinho, e espero que não tenha aprendido na escola. Agora chega de conversa e leva essa... Rabanada! Onde está a rabanada?

O prato está vazio. Enquanto mãe e filho discutiam, alguém pegou a última rabanada sem ser visto. Fim de conversa.

Neparlepá

"Ne parle pas devant la petite" foram as primeiras palavras que a Norinha aprendeu em francês. Ela tinha quatro anos e já sabia algumas palavras em inglês, que ouvia na TV, como "yes" e "let's go", mas as primeiras palavras em francês foram aquelas que sua mãe repetia muito em conversas com seu pai: "Ne parle pas devant la petite".
Norinha usava seu extenso vocabulário para falar com as suas bonecas. "Yes" e "let's go" e "ne parle pas devant la petite". E uma vez divertiu um grupo de pessoas que visitavam seus pais parando no meio da sala e gritando:
— Ne parle pas devant la petite!
— Onde foi que você aprendeu isso, menina?!
Todos acharam muita graça. Menos a mãe de Norinha, que ficou preocupada. A Norinha ouvia tudo. Tinha curiosidade sobre tudo. Em pouco tempo estaria perguntando o que significava aquele neparlepá que sua mãe tanto dizia.

Norinha cresceu, aprendeu que "ne parle pas devant la petite" queria dizer "não fale na frente da criança" e nem precisou perguntar pra mãe o que não era para ela ouvir nas discussões do casal, ou quando a conversa ficava só para adultos. O casamento deles estava se dissolvendo, eles queriam poupar a filha disso. E coisas como sexo e as maldades do mundo não eram para os ouvidos de uma criança.

— Vocês esperavam mesmo que eu não fosse notar que o casamento de vocês estava em crise? E que eu acabaria sabendo tudo sobre o que vocês tentavam esconder, não falando na frente da criança?

— Naquele tempo era assim, minha filha. Hoje...

— Hoje? — disse Norinha. — Eu vou lhe contar como é hoje.

E Norinha contou que, quase que por nostalgia, usara a frase da mãe na sua casa. Ela e o marido estavam comentando os excessos de um programa de televisão na presença dos meninos e ela dissera "ne parle pas devant les petits". E Julio, o marido, dissera:

— Ahn?

— Ne parle pas devant les petits. É uma frase em francês que quer dizer...

— Eu sei o que quer dizer. Mas ninguém mais usa essa frase, Norinha.

— Eu sei, é que...

— Há uns quarenta anos essa frase não é usada. Nem na França.

— Eu só acho que certas coisas o Marquinhos e o Lucas ainda não estão em idade de ouvir.

— Eles ouvem na rua. Ouvem na escola. Ouvem em toda parte. É só ligarem a televisão que ouvem tudo.

— Mas não ouvem dos pais deles.

— E você acha isso certo, ou acha uma hipocrisia?

E Norinha disse para a mãe que concordava com Julio, que era uma hipocrisia. Mas que mesmo assim começara a usar a frase, quase como um protesto contra os tempos em que tudo é dito e tudo é ouvido por todas as idades. Só que a frase tem tido um efeito inesperado. Quando ela pede para o marido "ne parle pas devant les petits", Lucas, o menor, diz:

— Ih... Olha o neparlepá. Lá vem sacanagem.

A primeira pedra

E os fariseus trouxeram a Jesus uma mulher apanhada em adultério, e perguntaram a Jesus se ela não deveria ser apedrejada até a morte, como mandava a lei de Moisés. E disse Jesus: aquele entre vós que estiver sem pecado que atire a primeira pedra. E a vida da mulher foi poupada, pois nenhum dos seus acusadores era sem pecado. Assim está na Bíblia, evangelho de São João 8,1 a 11.

Mas imagine que a Bíblia não tenha contado toda a história. Tudo o que realmente aconteceu naquela manhã, no Monte das Oliveiras. Na versão completa do episódio, um dos fariseus, depois de ouvir a frase de Jesus, pega uma pedra do chão e prepara-se para atirá-la contra a mulher, dizendo: "Eu estou sem pecado!".

— Pera lá — diz Jesus, segurando o seu braço. — Você é um adúltero conhecido. Larga a pedra.

— Ah. Pensei que adultério só fosse pecado para as mulheres — diz o fariseu, largando a pedra.

Outro fariseu junta uma pedra do chão e prepara-se para atirá-la contra a mulher, gritando:

— Nunca cometi adultério, sou puro como um cordeiro recém-nascido!

— Falando em cordeiro — diz Jesus, segurando o seu braço também —, e aquele rebanho que você foi encarregado de trazer para o templo, mas no caminho desviou dez por cento para o seu próprio rebanho?

— Nunca ficou provado nada! — protesta o fariseu.

— Mas eu sei — diz Jesus. — Larga a pedra.

Um terceiro fariseu pega uma pedra do chão e prepara-se para atirá-la contra a adúltera, dizendo:

— Não só não sou corrupto como sempre combati a corrupção. Fui eu que denunciei o escândalo da propina paga mensalmente a sacerdotes para apoiar os senhores do templo.

— Mas foste tu o primeiro a receber propina — diz Jesus, segurando seu braço.

— No meu caso foi para melhor combater a corrupção!

— Larga a pedra.

Um quarto fariseu junta uma pedra do chão e prepara-se para atirá-la contra a mulher, dizendo:

— Não tenho pecados, nem da carne, nem da estupidez ou ganância!

— Ah, é? — diz Jesus, segurando o seu braço. — E aquela viúva que explorava, tirando-lhe todo o dinheiro?

— Mas isso foi há muito tempo, e a mulher já morreu.

— Larga a pedra, vai.

E quando os fariseus se afastam, um discípulo pergunta a Jesus:

— Mestre, que lição podemos tirar desse episódio?

— Evitem a hipocrisia e o moralismo relativo — diz Jesus.

E, pensando um pouco mais adiante:

— E, se possível, a política partidária.

Como imaginar uma orgia

A minicâmera e o grampo telefônico ainda podem fazer mais pela moral na política do que toda fiscalização e todos os mandamentos cristãos juntos. Supõe-se que depois dos escândalos recentemente grampeados as pessoas fiquem mais cautelosas, ou mais reticentes. Corruptos e corruptores continuarão a existir, mas não agirão nem falarão mais tão livremente, pelo menos não antes de procurar a câmera e o microfone escondidos. O que deve no mínimo dificultar os negócios.

Os avanços da técnica revolucionaram o registro histórico. Imagine se quando Kennedy foi assassinado já existissem os gravadores e os celulares que hoje substituem as câmeras fotográficas até no aniversário do cachorro. Em vez daquele precário filme em 8 mm do atentado, estudado e reestudado quadro a quadro na busca de vestígios de uma conspiração, haveria teipes e fotos de todos os ângulos e com todas as respostas, como a cara, o nome e o CIC dos possíveis conspiradores.

Mas a técnica, ao mesmo tempo que desestimula a falcatrua, comprova a denúncia, desmancha o mistério e enriquece a notícia, pode empobrecer nossa percepção dos fatos. As grandes batalhas e os grandes eventos da era pré-fotográfica foram registrados em quadros épicos em que o artista ordenava a cena em função do efeito, não do fato, ou não exatamente do fato. A Primeira Guerra Mundial não foi mais terrível do que muitas guerras anteriores, só foi a primeira guerra filmada, a primeira com a imagem tremida e sem cor, e por isso parece tão mais feia do que as guerras heroicamente pintadas. A Guerra do Vietnã foi a primeira transmitida pela TV, a primeira em que o sangue respingou no tapete da sala. Por isso deu nojo. Os americanos aprenderam a lição e transformaram sua invasão do Iraque num video game.

Até surgir a possibilidade de ser tecnicamente denunciado, o político corrupto podia contar com a condescendência do público. Mesmo quando não havia dúvidas quanto à sua corrupção, havia sempre a suspeita de que não era bem assim. Sua culpa — até se ouvir sua voz gravada combinando a divisão dos milhões, ou ver sua imagem forrando os sapatos com dinheiro — era sempre uma conjetura. Imaginávamos o que acontecia nos bastidores do poder corrupto, mas era um pouco como imaginar uma orgia romana, ou visualizar uma orgia romana através da imaginação de um artista. Agora não. Com a banalização do grampo telefônico e da minicâmera escondida, temos o que faltava no quadro. Temos todos os sórdidos detalhes e a orgia às claras. Temos o que enoja.

Os resistentes

Não sucumbi ao telefone celular. Não tenho e nunca terei um telefone celular. Quando preciso usar um, uso o da minha mulher. Mas segurando-o como se fosse um grande inseto, possivelmente venenoso, desconhecido da minha tribo.
Eu não saberia escolher a musiquinha que o identifica. Aquela que, quando toca, a pessoa diz "É o meu!", e passa a procurá-lo freneticamente, depois o coloca no ouvido, diz "alô" várias vezes, aperta botões errados, desiste e desliga, para repetir toda a função quando a musiquinha toca outra vez.
Não sei, a gente escolhe a musiquinha quando compra o celular?
— Tem aí um Beethoven?
— Não. Mas temos as quatro estações do Vivaldi.
— Manda a primavera.
Porque a musiquinha do seu celular também identifica você. Há uma enorme diferença entre uma pessoa cujo celular toca, digamos, "Take Five" e uma cujo celular toca Wagner. Você muitas vezes só sabe com quem realmente está quando ouve o celular tocar, e o som do seu celular diz mais a seu respeito do que você imagina. Se bem

que, na minha experiência, a maioria das pessoas escolhe músicas galopantes — como a introdução da *Cavalleria Rusticana* ou a ouverture do *Guilherme Tell* — apenas para já colocá-lo no adequado espírito de urgência, ou pânico controlado, que o celular exige. Sei que alguns celulares ronronam e vibram, discretamente, em vez de desandarem a chamar seus donos com música. Infelizmente, os donos nem sempre mostram a mesma discrição. Não é raro você ser obrigado a ouvir alguém tratando de detalhes da sua intimidade ou dos furúnculos da tia Djalmira a céu aberto, por assim dizer. É como o que nos fazem os fumantes, só que em vez de o nosso espaço aéreo ser invadido por uma fumaça indesejada, é invadido pela vida alheia. Que também pode ser tóxica.

Não dá para negar que o celular é útil, mas no caso a própria utilidade é angustiante. O celular reduziu as pessoas a apenas extremos opostos de uma conexão, pontos soltos no ar, sem contato com o chão. Onde você se encontra se tornou irrelevante, o que significa que em breve ninguém mais vai se encontrar. E a palavra "incomunicável" perdeu o sentido. Estar longe de qualquer telefone não é mais um sonho realizável de sossego e privacidade — o telefone foi atrás.

Não tenho a menor ideia de como funciona o besouro maldito. E chega um momento em que cada nova perplexidade com ele se torna uma ofensa pessoal, ainda mais para quem ainda não entendeu bem como funciona uma torneira.

Ouvi dizer que o celular destrói o cérebro aos poucos. Nos vejo — os que não sucumbiram, os últimos resistentes — como os únicos sãos num mundo imbecilizado pelo micro-ondas de ouvido, com o qual as pessoas trocarão grunhidos pré-históricos, incapazes de um raciocínio ou de uma frase completa, mas ainda conectadas. Seremos poucos, mas nos manteremos unidos, e trocaremos informações. Usando sinais de fumaça.

De areia

O homem estava caminhando na praia e passou por um garoto que fazia uma construção de areia. Parou para olhar. Lembrou-se do seu tempo de garoto, quando também gostava de fazer aquilo.
— Bonito, o seu castelo de areia — disse o homem para o garoto.
O garoto olhou para o homem. Depois falou:
— Não é castelo.
— O que é então?
— Condomínio fechado.
Mais tarde, no grupo que se reunia para um papo à beira-mar, todos mais ou menos da mesma idade, o homem contou que o que lhe parecera torres do muro do castelo na verdade eram guaritas para os guardas do condomínio, segundo o garoto.
— Vejam vocês. Que fim levaram os castelos de areia da nossa infância?
— A realidade do garoto é essa — disse alguém. — No outro dia minha neta quis saber por que a Cinderela não deu o número do celular dela pro príncipe.
— O curioso é o pulo, de castelo para condomínio fechado.

Do feudalismo para a paranoia contemporânea, sem etapas intermediárias. Quinhentos anos de arquitetura ignorados.

— Mas os castelos feudais não deixavam de ser condomínios fechados.

E os condomínios fechados não deixam de ser fortalezas medievais.

— Portanto o garoto, na verdade, é um gênio da síntese.

No dia seguinte o homem avistou o garoto no mesmo lugar da praia. Viu com satisfação que ele dava os retoques finais na sua obra, fazendo escorrer areia molhada da mão nos pontos mais altos da sua construção. Talvez ele tivesse decidido fazer um castelo, afinal. Castelos eram irresistíveis, seu fascínio atravessava o tempo e as gerações. O homem perguntou se o que o garoto estava fazendo eram ornamentos para os torreões do castelo.

— Não — disse o garoto.

— O que é então?

— Antenas parabólicas.

O homem seguiu seu caminho, suspirando.

O que significa orégano

Você eu não sei, mas eu estou preocupadíssimo com a revelação de que os americanos têm monitorado tudo que é dito e escrito no Brasil nos últimos anos. Ouvem nossos telefonemas, leem nossos e-mails e, provavelmente, examinam o nosso lixo, atrás de indícios da nossa periculosidade. O que me preocupa é que essa informação, depois de coletada e classificada, é analisada talvez pelas mesmas pessoas que nunca duvidaram que o Saddam Hussein tivesse armas de destruição em massa e nunca estranharam que os sequestradores daqueles aviões que derrubaram as torres, no onze do nove, não se interessassem pelas aulas de aterrissagem nos seus cursos de aviação. Quer dizer, que garantia nós temos de que não se enganarão de novo, e verão ameaças à segurança americana nas nossas comunicações mais inocentes? Um simples telefonema entre namorados ("desliga você", "não, desliga você") pode ser interpretado como parte de um plano para sabotar centrais elétricas. Um pedido para troca de bujão de gás, uma evidência cifrada à explosão da Casa Branca. O fato é que tenho tentado recapitular todos os meus telefonemas e e-mails nos últimos anos, com medo de que um deles, mal-interpretado, acabe provocando minha aniquilação por um drone.

Ou então me vejo chegando aos Estados Unidos, sendo barrado por um agente da imigração e levado para uma sala sem janelas, onde sou cercado por outros agentes, provavelmente da CIA, que me pedem explicações sobre um telefonema, obviamente em código, que fiz antes de viajar. Reconheço minha voz na gravação.

— O que quer dizer "à calabresa", Mr. Verissimo? — pergunta um dos agentes.

Estou confuso. Não consigo pensar. Calabresa, calabresa...

— Alguma referência à máfia? Uma ligação da organização terrorista à qual o senhor evidentemente pertence, como a camorra, visando a um atentado aqui nos Estados Unidos? O senhor veio se encontrar com a máfia americana para acertar os detalhes do complô. É isso, Mr. Verissimo?

— Não, não. Eu...

— Notamos que, mais de uma vez na gravação, o senhor diz "sem orégano, sem orégano". Deduzimos que há uma divergência dentro do complô entre vocês e a máfia, uns a favor de usar "orégano" no atentado, outros contra. O que, exatamente, significa "orégano"?

Finalmente, me dou conta.

— Orégano significa orégano. Eu estava pedindo uma...

— Por favor, não faça pouco caso da nossa inteligência, Mr. Verissimo. Não gastamos milhões de dólares para ouvir que orégano significa orégano.

O vovô espião

A culpa foi da combinação de duas novidades que deixaram as crianças alvoroçadas: a notícia de que os americanos estavam espionando o Brasil, e o novo aparelho de surdez do vovô. Foi o Henriquinho, chamado de Riquinho na família — e que, sendo o mais velho, era uma espécie de chefe dos netos —, quem ligou os dois fatos e concluiu: o que o vovô tinha no ouvido não era um aparelho de surdez coisa nenhuma. Era um transmissor e receptor em miniatura. Para irmãos e primos reunidos, o Riquinho anunciou que o vovô estava em contato permanente com os americanos através do aparelhinho. O vovô era um espião.

O Riquinho, que estava aprendendo inglês, passou a só falar em inglês perto do ouvido do avô.
— Hello. How are you?
O avô ria e respondia:
— I am very well, thank you.
— Eu não estava falando com você, vovô.
— Estava falando com quem?

— Com o Obama.
O avô não entendia, mas ria assim mesmo.

Os netos receberam instruções detalhadas do Riquinho sobre como se comportar perto do avô. Não deveriam dizer nada ao alcance do seu aparelhinho no ouvido que pudesse comprometer a segurança nacional. Principalmente, não deveriam tocar em assuntos estratégicos, sob pena de serem considerados traidores da pátria. Ninguém sabia o que era "estratégico", mas todos concordaram, solenemente. E quando o avô tentou segurar Luana, a menorzinha, no colo, e perguntou "Quem é a belezinha do vovô?", ela esperneou, se libertou e saiu correndo, gritando.
— Não posso dizer!
Como ia saber que aquele não era um assunto estratégico?

Os adultos estranharam a mudança no comportamento dos netos com o avô. Nem lhe pediam mais as coisas que costumavam pedir, e o vovô sempre dava. O que estava acontecendo? Finalmente, Riquinho, como porta-voz dos outros, explicou que não aceitavam mais as brincadeiras do avô, nem seus presentes, porque seria como confraternizar com o inimigo.
— Com o inimigo?! Mas por que o vovô é inimigo?
E Riquinho contou sua teoria sobre a função do aparelhinho que o avô tinha no ouvido. Vovô era um espião dos americanos. Se os americanos resolvessem atacar o Brasil, seriam guiados por agentes infiltrados como o vovô. Já dava para desconfiar, com a paixão que o vovô tinha por tudo que era americano. Ele até assinava o *Reader's Digest*.

— Mas o vovô é surdo. Por isso usa aquele aparelhinho.
— Pode ser um disfarce.

No primeiro almoço de domingo depois da revelação do Riquinho, o vovô pediu a palavra. Precisava fazer uma comunicação importante. Consultara o presidente Obama e ouvira dele a promessa de que, caso os drones americanos bombardeassem o Brasil, as casas dos seus familiares seriam poupadas. Ninguém da família precisava se preocupar.

Os netos todos festejaram, e o Riquinho agradeceu ao vovô, que disse:

— Não agradeça a mim, agradeça ao presidente Obama.

E ofereceu o ouvido com o aparelhinho para o Riquinho gritar:

— Thank you, Mr. Obama!

"Hélas"

Deus criou o Céu e a Terra e o Dia e a Noite, e deu nome às plantas, aos bichos e às coisas. Mas também era preciso dar nome aos sentimentos e às emoções, à perplexidade e a situações inusitadas, e, sentindo-se despreparado para a tarefa, Deus criou os franceses. Os franceses têm a expressão certa para tudo, inclusive para o inexprimível, que eles chamam de "je ne sais quoi". O francês é a única língua do mundo com uma definição para a incapacidade de definir. Eles não apenas têm um nome para "fazer beicinho", "bouder", como inventaram uma peça da casa que teoricamente existe só para a mulher se recolher enquanto o faz, o "boudoir". Outra expressão francesa que não ocorreria a mais ninguém é "esprit d'escalier", ou o espírito que só se faz presente quando a gente já está descendo a escada, depois de falhar na hora de ser brilhante. Se não fossem os franceses, não saberíamos como chamar a sensação de que a boa frase ou a resposta arrasadora geralmente só nos vêm quando não adianta mais. Na escada ou, mais recentemente, no elevador.

Outra boa frase francesa era "épater les bourgeois". Caiu em desuso, em primeiro lugar, porque todas as frases prontas francesas foram ficando antigas num mundo cada vez mais americano, mas também porque foi ficando cada vez mais difícil espantar a burguesia. Depois da revolução sexual e do escancaramento da privacidade, nada mais espanta ninguém, e o que antes chocava hoje vira moda.

O que ainda funciona — tanto que, no Brasil, se transformou num gênero jornalístico — é "épater la gauche", contrariar o pensamento convencionalmente progressista, ou apenas correto, com reacionarismo explícito. Os "épateurs" da esquerda podem ser divertidos, mas como em todo "succès d'escandale" (que remédio, sou um antigo) nunca se sabe se o sucesso se deve ao talento para escandalizar ou se o escândalo dispensa o talento, e basta ser contra para aparecer. De qualquer maneira, "hélas", aos poucos as frases feitas francesas vão perdendo a atualidade e — ça va sans dire — a utilidade.

A recepção

A recepcionista que me recebe na porta do céu é simpática. Digita meu nome no computador, sorrindo. Mas o sorriso desaparece de repente. É substituído por uma expressão de desapontamento.
— Ai, ai, ai... — diz a recepcionista. — Aqui onde diz "Religião". Está: "Nenhuma".
— Pois é...
— O senhor não tem nenhuma religião? Pode ser qualquer uma. Nós encaminhamos para o céu correspondente. Ou, se o senhor preferir reencarnação...
— Não, não. Não tem céu só pra ateu?
Não existe um céu só para ateus. Nem para agnósticos. Também não são permitidas conversões post mortem ou adesões de última hora. E me deixar entrar numa eternidade em que nunca acreditei, talvez tirando o lugar de um crente, não seria justo, eu não concordo?
— Espere! — digo, dando um tapa na testa. — Me lembrei agora. Eu sou Univitalista.
— O quê?
— Univitalista. É uma religião nova. Talvez por isso não esteja no computador.

— Em que vocês acreditam?
— Numa porção de coisas que eu não lembro agora, mas a vida eterna é certamente uma delas. Isso eu garanto. Pelo menos foi o que me disseram quando me inscrevi.

A recepcionista não parece muito convencida, mas pega um livreto que mantém ao lado do computador e vai direto na letra U. Não encontra nenhuma religião com aquele nome.

— Ela é novíssima — explico. — Ainda estava em teste.

A recepcionista sacode a cabeça, mas diz que irá consultar o supervisor. Eu devo voltar ao meu lugar e esperar a decisão.

Sento ao lado de outro descrente. Que pergunta:

— Você acredita nisso?

— Eu... — começo a dizer, mas o outro não me deixa falar.

— É tudo encenação. Tudo truque. Quem eles pensam que estão enganando?

E o outro se levanta e começa a chutar as nuvens que cobrem o chão da sala de espera.

— Olha aí. Isto é gelo-seco! Você acha mesmo que existe vida depois da morte? Você acha mesmo que nós estamos aqui? É tudo propaganda religiosa! É tudo...

Salto sobre o homem, cubro sua cabeça com a camisola, atiro-o no chão e sento em cima dele. Para ele não estragar tudo. Claro que também acredito que aquilo é uma encenação. Mas seja o que for, durará uma eternidade.

O incrível e o inacreditável

"Incrível" e "inacreditável" querem dizer a mesma coisa — e não querem. "Incrível" é elogio. Você acha incrível o que é difícil de acreditar de tão bom. Já inacreditável é o que você se recusa a acreditar de tão nefasto, nefário e nefando — a linha média do Execrável Futebol Clube.

Incrível é qualquer demonstração de um talento superior, seja o daquela moça por quem ninguém dá nada e abre a boca e canta como um anjo, o do mirrado reserva que entra em campo e sai driblando tudo, inclusive a bandeirinha do córner, o do mágico que tira moedas do nariz e transforma lenços em pombas brancas, o do escritor que torneia frases como se as esculpisse.

Inacreditável seria o Jair Bolsonaro na presidência da Comissão de Direitos Humanos da Câmara em substituição ao Feliciano, uma ilustração viva da frase "ir de mal a pior".

Incrível é a graça da neta que sai dançando ao som da *Bachiana* nº 5 do Villa-Lobos como se não tivesse só cinco anos, é o ator que nos toca e a atriz que nos faz rir ou chorar só com um jeito da boca, é o quadro que encanta e o pôr do sol que enleva.

Inacreditável é, depois de dois mil anos de civilização cristã, existir gente que ama seus filhos e seus cachorros e se emociona com a novela e, mesmo assim, defende o vigilantismo brutal, como se fazer justiça fosse enfrentar a barbárie com a barbárie, e salvar uma sociedade fosse embrutecê-la até a autodestruição.

 Incrível, realmente incrível, é o brasileiro que leva uma vida decente mesmo que tudo à sua volta o chame para o desespero e a desforra.

 Inacreditável é que a reação mais forte à vinda de médicos estrangeiros para suprir a falta de atendimento no interior do Brasil, e a exploração da questão dos cubanos insatisfeitos para sabotar o programa, venha justamente de associações médicas.

 Incrível é um solo do Yamandu.

 Inacreditável é este verão.

Meu valor

Como todo homem tem seu preço e a corrupção é o que mais dá dinheiro no Brasil, hoje, decidi calcular o meu valor para o caso de quererem me comprar. É bom ter o nosso preço na ponta da língua e sempre atualizado, pois — para usar a frase-lema do Brasil dos nossos dias — nunca se sabe.

Nossa autoavaliação deve ser objetiva. Costumamos nos dar mais valor do que realmente temos e há o perigo de, por uma questão de amor-próprio, nos colocarmos fora do mercado. Também tendemos a valorizar coisas que, no mundo eminentemente prático da corrupção, não valem muito, como bons hábitos de higiene e a capacidade de mexer as orelhas. O que vale é o que podemos oferecer para o lucro imediato de quem nos comprar.

As pessoas se queixam da falta de ética no Brasil e não se dão conta de que isso se deve à pouca oportunidade que o brasileiro comum tem de escolher ser ético ou não. Eu tenho tanto direito a ser corrupto quanto qualquer outro cidadão, mas não tenho oportunidade de sequer ouvir uma proposta para decidir se aceito. A corrupção continua ao alcance apenas de uns poucos privilegiados. Por que só uma pequena casta pode decidir se vai ter um comportamento ético enquanto a maioria permanece condenada à ética compulsória, por falta de alternativas? Quando me perguntam se sou ético, a única resposta que posso dar é a mesma que dou quando me perguntam se gosto de vinho Château Petrus: não sei. Nunca provei.

Quem me comprar pode não lucrar com minhas conexões no governo ou com o conteúdo, inclusive, dos meus bolsos. Mas e o casco? Quanto me dão pelo vasilhame? Pagando agora eu garanto a entrega do corpo na hora da minha morte, com os sapatos de brinde. Tenho muitos anos de uso, mas todos os sistemas em razoável estado de conservação, precisando apenas de alguns ajustes das partes que se deterioraram com o tempo. Meus cabelos são poucos, mas os que ficaram são da melhor qualidade, do contrário não teriam ficado. Não dão para uma peruca inteira, mas ainda dão para um bom bigode. Meu cérebro, vendido à ciência, daria para alimentar vários ratos de laboratório durante semanas. Prejudicaria um pouco seu desempenho no labirinto, mas em compensação eles saberiam toda a letra do bolero "No sé tú". Minhas entranhas dariam um bom preço em qualquer feira de órgãos usados, dependendo, claro, do poder de persuasão do leiloeiro ("Leve um sistema cardiovascular e eu incluo uma caixa de Isordil!"). Meu apêndice, por exemplo, nunca foi usado.

Tudo calculado, descontada a depreciação, devo estar valendo aí uns, deixa ver... Mas é melhor não me anunciar. Vai que aparece um corruptor em potencial e eu descubra que não só não valho nada como estou lhe devendo.

A outra vida do sr. Antonio

Dona Julinha desconfiou quando entrou na sala a tempo de ouvir seu marido, o sr. Antonio, dizer "Tchau, amor" e desligar o telefone.
— Com quem você estava falando, Antonio?
— Ninguém.
— Como é possível falar no telefone com ninguém, Antonio?
O sr. Antonio apenas sorriu.
A mesma coisa aconteceu outras vezes depois disso, até que dona Julinha perdeu a paciência e pediu explicações. Com quem o sr. Antonio falava ao telefone tão carinhosamente — e se despedia tão rapidamente, quando a mulher aparecia? O sr. Antonio hesitou, depois falou.
— Está bem, Julinha. Se você quer mesmo saber... Eu tenho outra mulher. Uma amante. Nos conhecemos há vinte anos.
— O quê?!
E, diante do espanto da mulher, o sr. Antonio completou:
— O nome dela é Sulamita.

Dona Julinha não sabia o que fazer com aquela informação. De repente, uma Sulamita na vida deles! O sr. Antonio tinha outra mulher. Outro lar. Talvez outra família. Outra vida! Logo o sr. Antonio, que um dia declarara "Julinha, não sei se gosto mais de você ou dos meus chinelos de camurça". Logo o sr. Antonio, tão caseiro, tão pacato, com uma amante — chamada Sulamita! Dona Julinha reuniu os filhos para pedir conselhos. O que deveria dizer? Seu primeiro impulso fora expulsar o marido de casa. Ele que fosse viver com a outra. Mas os filhos não concordaram. Um divórcio, àquela altura da vida do casal? Seria complicado. E desnecessário. Dona Julinha que aprendesse a viver com a nova realidade. Afinal, o sr. Antonio, apesar de ter uma amante durante vinte anos, escolhera ficar com a mulher. De certa maneira, optara pelos chinelos de camurça.

Durante semanas, dona Julinha não dirigiu uma palavra ao marido. Comiam em silêncio. Viam a novela em silêncio. Até que um dia, levada mais pela curiosidade do que por vontade de brigar, dona Julinha perguntou:
— Como vocês se conheceram?
— Quem?
— Você e essa... Como é o nome dela? Sulamita.
— Nos conhecemos no Cairo.
— No Cairo, Egito?
— É.
— E você alguma vez esteve no Cairo, Antonio?
— Tem muita coisa a meu respeito que você não sabe, Julinha.
E, de repente, dona Julinha se deu conta de que o marido nunca estivera nem no Cairo nem em qualquer outro lugar longe dos seus chinelos. Não gostava de viajar e nunca saía de casa. Quando

se encontraria com a outra se nunca saía de casa? Os telefonemas eram forjados. Ele realmente estava falando com ninguém.

— Você e a Sulamita têm filhos, Antonio?

E o sr. Antonio, distraidamente, respondeu:

— Isso eu ainda não decidi.

O fim

Lembra do bug do milênio? Depois que o fim do mundo não aconteceu como previsto no começo dos anos 2000, o Apocalipse ficou desmoralizado. Mas pode ter havido apenas um erro nas datas da sua chegada. Das novecentas e quarenta quadras das profecias de Nostradamus em apenas nove ele dá datas específicas, e é compreensível que tenha se enganado em alguma. Na quadra 72 da décima centúria das profecias de Nostradamus está escrito "no ano de 1999 e sete meses dos céus virá o grande rei do terror". O costureiro Paco Rabanne, um estudioso da obra de Nostradamus, deduziu que o dia do grande terror, quando o mundo começaria a acabar, seria 28 de julho de 1999. Inclusive, dizem que ele fez o que seria seu último desfile no dia 27 e pagou todo mundo com cheques pré-datados. Segundo Paco, o fim se iniciaria com a explosão de uma estação espacial abandonada pelos russos sobre Paris. Feitos alguns ajustes nas datas, a previsão mantém-se perfeitamente plausível.

    O que viria depois da explosão, Nostradamus não esclareceu. Disse que o rei do terror faria ressuscitar uma grande potência do Oriente e dela viria um anticristo que reinaria no Ocidente.

Exegetas das profecias interpretaram suas palavras como uma referência a hordas mongóis lideradas por um Gengis Khan redivivo. Hoje, a interpretação pode ser outra: a grande potência que ressuscita é a Rússia, e a grande ameaça que vem do Oriente é Putin, provavelmente a cavalo e sem camisa. Como se sabe, junto com os discos de vinil e a Wanderléa, a Guerra Fria voltou. E a Rússia tem novos foguetes de longo alcance com múltiplas ogivas nucleares, capazes de destruir dezessete Hiroshimas ao mesmo tempo, só um pouco menos do que os foguetes americanos. Paco Rabanne se precipitou. O fim pode estar próximo AGORA.

Quero aproveitar a oportunidade para dizer que foi um privilégio pertencer à humanidade enquanto ela durou. E sei que falo pelos bilhões e bilhões de pessoas que frequentaram este planeta desde que éramos pré-hominídeos que não sabiam nem fazer fogo nem sexo de frente quando digo que foi bom. Fizemos muita bobagem, é verdade — guerras, filhos demais, carros com rabo de peixe, Brasília —, mas também fizemos coisas admiráveis. Dois exemplos: a Catedral de Chartres e a Patrícia Pillar. E nos divertimos, é ou não é? Parabéns à Terra, que nos acolheu sem fazer perguntas, nos deu água e o oxigênio de que precisávamos para viver e ainda nos proporcionou grandes crepúsculos, sem falar no cheiro de capim molhado e no pudim de laranja. Obrigado, velha. Que venha o Apocalipse. Viva o Internacional.

Azeitona

Ele — Como se sabe, a humanidade é dividida em duas facções: a dos que comem a azeitona primeiro e depois tomam o martíni, e a dos que deixam para comer a azeitona depois de tomar o martíni.

Ela — Noto que seu martíni está pela metade e a azeitona continua intacta.

— Sou da segunda facção. E você, o que está tomando?

— Um Krakatoa. O único drinque no mundo baseado num vulcão.

— Vi pela fumacinha...

— O drinque é ruim, mas dizem que, quando se tomam dois, a ressaca no dia seguinte é uma experiência transcendental.

— Isso é verdade?

— Não se sabe. Até hoje ninguém conseguiu tomar dois. E o seu martíni? Está perfeito?

— Um martíni nunca está perfeito, mas é o mais próximo que o Homem jamais chegará da perfeição.

— Na sua opinião, então, um martíni, mesmo imperfeito, é a criação máxima da humanidade?

— O martíni e o adágio do concerto para oboé e cordas em ré menor do Alessandro Marcello.
— É isso que deixaremos para a posteridade? Nada mais? Nem uma catedral? Nem um soneto?
— Não haverá posteridade. Sei de fonte segura que a civilização ocidental acabará hoje, às 23h30, hora de Brasília. Impreterivelmente.
— Assim, de repente?
— Não é de repente. A civilização ocidental vem decaindo há muito tempo. Vem morrendo aos poucos. Hoje será o fim definitivo.
— Na sua opinião, quando foi que começou o declínio da civilização ocidental?
— Nesse caso, também, as opiniões se dividem. Há quem diga que foi a descoberta da América por Cristóvão Colombo, um evento com graves consequências históricas do qual o mundo nunca se recuperou. Outros dizem que foi a invenção da pizza com abacaxi.
— E não tem volta? Não deixaremos nada para trás, a não ser ruínas? Seremos a primeira geração da História sem uma posteridade?
— Mas isso será ótimo. Você não vê? Uma posteridade significaria gente remexendo nossas ruínas, tentando nos entender pelo que encontram. O que pensariam de um vibrador com a cara do George Clooney? E as conclusões erradas a que chegariam? Confundiriam o papa com a Peppa! Não, é melhor desaparecer sem rastros. Deixa eu comer minha azeitona.
— Mas você ainda não chegou ao fim do seu martíni.
— Eu sei, mas já são 23h27. Não temos mais tempo.

A visita do marajá

O nosso quintal é bem frequentado por pássaros. Alguns vistosos e certamente famosos, que ornitoleigos como eu não saberiam identificar pela plumagem e o porte. Muitos sabiás — os únicos que eu conheço o nome — em constante atividade, catando material e comida para os seus ninhos. Pelo seu número e movimento, desconfiamos de que existe um condomínio de sabiás por aqui, e que o nosso quintal é o centro comercial mais próximo. Mas a maioria é do gênero "passarinho comum", pequeno e sem graça, da cor, assim, de passarinho. É o povão.

Certa tarde houve um pequeno alvoroço doméstico. Aparecera um pássaro estranho, nunca visto antes, pousado na pereira. Entre o médio e o grande, com uma longa cauda bifurcada, cinzenta com círculos brancos, e um ar de nobreza enfarada. Ficamos admirando-o, falando baixo para não espantá-lo, e ninguém da casa sabia o que era. Tive que ir ganhar a vida e não pude assistir à sua partida, mas me contaram que ele decolou com a mesma empáfia com que examinara o quintal e suas circunstâncias durante sua breve estada conosco, claramente insatisfeito. O cenário não estava à sua altura.

A velha pereira ainda dá pera mas com um grande esforço, e só para não sucumbir à amargura comum aos aposentados sem ocupação. Os outros pássaros mantiveram uma distância reverencial do visitante. Conheciam o seu lugar. Era óbvio que ele pousara no lugar errado
    Fiquei pensando em como o maravilhoso pode nos pegar desprevenidos. Era como se um marajá e seu séquito tivessem batido na nossa porta e só o que tínhamos para lhes oferecer era, sei lá. Coca Zero. Perdemos uma oportunidade, não sei bem de quê. Podíamos ao menos tê-lo fotografado, nem que fosse para uma hipotética futura biografia da pereira, em cuja longa vida o único acontecimento notável até então tinha sido a orquídea misteriosa que lhe nasceu espontaneamente numa forquilha. Agora é tarde. Duvido que o visitante volte. Nós o decepcionamos. Não estávamos preparados para ele.

GPS

E tem aquela do cara que conversava com seu GPS. Instalara o GPS no carro porque precisava fazer viagens pelo interior do estado, muitas vezes em território desconhecido, e o GPS lhe mostrava os caminhos a tomar. Mostrava e dizia, pois o GPS falava. Tinha uma voz feminina, um pouco autoritária, mas não desagradável.

— Em setecentos metros, vire à direita, e logo em seguida à esquerda.

Quando o homem se enganava e não seguia suas instruções, a voz não perdia a calma. Dava novas instruções para corrigir o erro, pausadamente e sem fazer comentários. E o homem nunca deixava de se admirar com aquilo: de algum lugar do espaço um satélite o seguia, e uma voz etérea — Como? Saindo de onde?

— lhe dizia o que fazer, baseada na informação do satélite. E o satélite via tudo, e nunca errava. Era como um deus em órbita estacionária da Terra.

Mas um dia o homem discordou do satélite. Depois de ouvir as instruções da voz, disse:

— Não mesmo.

E ouviu a voz dizer:

— O quê?

— Esta estrada eu conheço bem, e sua direção não está certa — disse o homem, antes de se dar conta de que a voz estava dialogando com ele. A voz estava dialogando com ele!

— Vai por mim — disse a voz.

E o homem, apavorado (*Devo estar ficando louco*, pensou), obedeceu, e descobriu que o satélite tinha razão. O caminho indicado era mais curto do que o que ele conhecia. E quando chegaram ao destino desejado mais cedo, pelo atalho, a voz disse:

— Viu só?

O homem e a voz passaram a conversar. Ficaram íntimos. Agora, a voz terminava cada instrução com um "querido". E tornou-se confidente do homem, que lhe contava sua vida e pedia sua orientação. Era muito sozinho. Gostava de uma moça, mas ela ainda não sabia. Ele deveria declarar-se?

— Declare-se — mandou a voz.

— Será?

— Vai por mim.

Ele estava descontente no trabalho. Tinham lhe oferecido outro cargo, em que não precisaria viajar tanto. Deveria aceitar? Sim, disse a voz. Ele estava ficando estressado com tantas horas sozinho nas estradas.

Noutro dia ele declarou que sua vida era uma porcaria e ele não queria mais viver.

— Vire para a esquerda, agora! — ordenou a voz.

— Peraí. Se eu virar para a esquerda vou invadir a outra pista.

— E ser amassado por uma jamanta, certo. Não é isso que você quer?

Depois a voz do GPS mandou:

— Daqui a duzentos metros, vire para a direita.
— Aonde nós estamos indo?
— Um hospital psiquiátrico que eu conheço. Esta nossa conversa é obviamente uma alucinação sua. Você precisa de tratamento.
— Você acha?
— Vai por mim.

Contículos

Aquela conversa de travesseiro.
— Quem é o meu quindinzinho?
— Sou eu.
— Quem é a minha roim-roim-roim?
— Sou eu.
Aí ele inventou de dizer que jamais se separariam e que ele seria, para ela, como aquele nervinho da carne que fica preso entre os dentes.
E ela:
— Credo, Osmar, que mau gosto!
E saiu da cama para nunca mais.
O amor também pode acabar por uma má escolha de metáforas.

SENTIMENTO

Quase se casaram, mas ela se chamava Dulcineide e ele pressentiu que teria problemas com os sogros.

INVESTIGAÇÃO

O inspetor que investigava o caso da trapezista tcheca morta com uma adaga de gelo nas costas tinha um cachimbo permanentemente no canto da boca mas com o fornilho virado para baixo. Dizia que era para não ter nem a tentação de enchê-lo, pois estava proibido de fumar. Mas o importante é que consultei o dicionário antes de começar a escrever este conto e só então descobri que aquela parte do cachimbo se chama fornilho, o que passei a maior parte da minha vida sem saber.
Toda literatura, no fim, é autobiográfica.

NO ELEVADOR

Conto erótico. "Lambo você todinha", disse o homem no ouvido da mulher, no elevador. A mulher firme. Silêncio. No décimo andar o homem falou de novo. "Lambo... Palavra engraçada, né?" Nunca tinha se dado conta.
Está bem, mais ou menos erótico.

AMIGOS

Calçada. Homem com cachorro. Cachorro fazendo cocô. Passa mulher e diz: "Que nojo". Homem, para mulher que se afasta: "Nós somos apenas amigos!".

O ARRUDA

Sete de cada lado, as mulheres assistindo. Todos com barriga e pouco fôlego. Menos o Arruda. O Arruda em grande forma. Cinquenta anos, e brilhando. Foi depois do Arruda dar um passe para ele mesmo, correr lá na frente como um menino, chutar com perfeição e fazer o gol, para delírio das mulheres, que todo o time correu para abraçá-lo. Empilharam-se em cima do Arruda. Apertaram o Arruda. Beijaram o Arruda. O Arruda depois diria que alguém tentara torcer o seu pé e outro mordera a sua orelha. Quando o Arruda quis se levantar para recomeçarem o jogo, não deixaram. Derrubaram o Arruda outra vez. Quando ele parecia que estava conseguindo se livrar dos companheiros, veio o time adversário e também pulou no bolo para cumprimentar o Arruda. O Arruda acabou tendo que sair de campo, trêmulo, amparado pelas mulheres indignadas, enquanto o jogo recomeçava. Agora só com os fora de forma.

FINAL

"Puxou o fio, só por curiosidade, e no dia seguinte leu no jornal que o Taj Mahal tinha desmoronado. Até hoje ele não sabe se foi ele." Ainda vou escrever um conto que termina assim.

Carinho

Um pouco de história antiga. Ninguém sabia explicar como um copo do Hotel Everest, de Porto Alegre, tinha ido parar na nossa casa. Até que alguém se lembrou: o Vinicius! Ele e o Toquinho estavam se apresentando na cidade e tinham ido fazer seu show para o meu pai, em domicílio. O Vinicius tinha o hábito de carregar sempre um copo de uísque aonde quer que fosse. É possível que até hoje exista um copo da nossa casa no Hotel Everest.

O uísque foi o combustível de uma época, no Brasil. Bebiam-se outras coisas, mas nada significava o mesmo que um uisquinho, nada merecia tanto o diminutivo carinhoso. Uma das cenas mais engraçadas daquele documentário sobre o poeta que fizeram há alguns anos é a do Vinicius e do Tom escorando-se mutuamente e lamentando o que as mulheres tinham acabado de fazer com garrafas de uísque. Garrafas cheias, escondidas para que os dois não bebessem mais. A insensibilidade. A audácia. O ultraje!

Contavam que depois que os médicos proibiram o Rubem Braga — acho que era o Rubem Braga — de beber uísque, ele enchia um copo com gelo e ficava sacudindo ao lado da orelha, só para ouvir o barulho. O barulhinho. O afeto era tanto que o som do uísque dispensava o uísque. De certa maneira, toda aquela época foi vivida assim, com um copo de uísque sacudindo ao lado da orelha. Mesmo quando não havia uísque, havia a trilha sonora.

A gente vê aquele filme com certo ufanismo — que país talentoso, né? — e uma certa tristeza. Por quê? Pela perda do Vinicius, do Tom e de tanta gente que partiu, claro, mas não é só isso. O Chico, o Caetano, o Gil, o Edu, o Ivan e os outros continuam aí, cada vez melhores, a garotada (como se vê no filme) é muito boa, o que é que falta? Não deve ser o uísque. Com todo o seu simpático folclore, a cultura do uísque fez seus estragos em fígados e carreiras. Talvez sejam apenas os nossos vinte anos, que também se foram. Ou então uma ideia de país que se perdeu. A não ser que se quisesse enfrentar uísques de fundo de quintal — e algumas marcas nacionais eram mortais —, o uísque era uma bebida cara. O escocês legítimo era para quem podia, e eu decididamente não podia. Tomava cuba-libre (coca-cola com rum, ou o que passava por rum). E tomava demais. Só não me tornei alcoólatra porque minhas ressacas eram tão catastróficas que fui obrigado a escolher, acordar todos os domingos num inferno biliar, depois de um sábado de excessos, ou continuar vivo.

Quando finalmente tive condições de beber uísque bom, o uísque tinha saído de moda. Não ficou nem o barulhinho do gelo num copo vazio. E o que, no Brasil de hoje, merece um diminutivo carinhoso?

A teoria do pinto

Uma das teorias sobre o começo da civilização é a teoria do pinto exposto. Quando os primeiros hominídeos desceram das árvores e foram viver na savana, uma das consequências de andarem eretos e terem que se espichar para pegar as frutas foi que seus órgãos sexuais ficaram expostos ao escrutínio das fêmeas. Estas poderiam organizar uma sociedade baseada na sua observação da novidade, dando o poder aos mais potentes, ou mais bem aparelhados, o que inviabilizaria um tipo de hierarquia baseado na inteligência, na habilidade como caçador e provedor, na liderança, nos belos olhos ou em qualquer outra qualidade do macho. As fêmeas também escolheriam parceiros sexuais entre os visivelmente mais bem-dotados, o que decretaria o fim da linhagem dos pintos pequenos, que nunca se reproduziriam.

Para evitar que isso acontecesse, os machos tomaram providências, começando por tapar suas vergonhas. A civilização começou pelas calças, ou o que quer que pudesse ser usado como tapa-sexo nas savanas. E os machos trataram de desviar a atenção do tamanho do pinto, inventando a linguagem, o fogo, a roda, a escrita, a agricultura, a indústria, a ciência, as guerras e todas as afirmações masculinas que independem do tamanho do pinto. Tudo, de um jeito ou de outro, extensão da primeira calça.

Assim, a civilização começou como um disfarce, para roubar da fêmea o seu papel natural de guia da espécie, escolhendo o reprodutor que lhe serve pelo pinto e não por suas poses ou poemas. Toda a nossa cultura misógina vem do pavor de que a mulher retome seu poder pré-histórico e, não sendo nem prostituta nem nossa santa mãe, tire nossas calças.

A supervalorização da virgindade como havia até pouco tempo e a estigmatização civil do adultério como ainda consta da lei brasileira são tentativas de garantir que a mulher só descubra o tamanho do pênis do marido quando não puder fazer mais nada a respeito.

A própria discriminação da mulher no mercado de trabalho é para lembrar às fêmeas seu lugar subalterno na civilização dos homens. Lembrá-las de quem usa as calças.

Independentemente das teorias, a virgindade é um tema para muitas divagações. Ninguém, que eu saiba, ainda examinou a fundo, sem trocadilho, todas as implicações do hímen, inclusive filosóficas. Já vi o hímen — que, salvo grossa desinformação anatômica, não tem qualquer outra função biológica a não ser a de lacre — descrito como a prova de como o Universo é moralista. Levando-se em conta a dor do defloramento e mais as agruras da ovulação e do parto em comparação com a vida sexual fácil e impune do homem — cujo único trabalho num parto é impregnar a mulher e depois ficar numa sala de espera da maternidade, lendo uma *Caras* antiga —, a misoginia do mundo é evidente. Mas em comparação com o que a mulher, historicamente, sofreu numa sociedade dominada por homens e seus terrores, o que ela sofre com a Natureza é pinto. Com trocadilho.

O bum

Vá entender. Imaginava-se que depois dos 7 a 1 o torcedor brasileiro, desencantado, passaria a se interessar por badminton, balé aquático ou outro esporte que não envolvesse bola ou qualquer coisa vagamente esférica. O desastre na Copa de 2014 não só nos convenceria de que não éramos mais o país do futebol como nos levaria a odiar o futebol. O futebol seria para nós como a História para Stephen Dedalus, aquele personagem do James Joyce: um pesadelo do qual estaríamos tentando acordar. Mas não. Assimilamos a derrota até com certa resignação filosófica. Depois da derrota para o Uruguai em 1950, correram boatos de suicídios em massa, de torcedores ateando fogo às vestes, do Bigode engolindo formicida e do Barbosa pedindo asilo numa embaixada estrangeira. Depois dos 7 a 1 não houve nada parecido, nem boatos de coisa parecida. Foi uma desilusão dolorida, não foi uma tragédia.

E aconteceu o contrário. Estão dizendo que, no futebol brasileiro, nunca houve um ano como este, o ano depois dos 7 a 1. Os estádios estão enchendo como nunca dantes, mesmo aqueles construídos para a Copa com entendimento tácito de que depois não serviriam para mais nada, salvo show da Madonna. As rendas também cresceram, em parte porque os preços para entrar nos estádios cresceram. O que causa outra peculiaridade: o principal entretenimento popular do brasileiro, à medida que atrai mais público, fica menos popular. Pelo menos a TV mostra um povo cada vez mais escandinavo nos estádios. E cada vez maior.

Como o futebol servido para esse público não melhorou muito desde o ano passado, sobra a especulação: foi a humilhação dos 7 a 1 que detonou esse bum como uma espécie de autodesagravo nacional ou isso é sociologia barata? De qualquer maneira, vá entender.

Desconversa

Motorista de táxi e passageira.
— Quente, né?
— Nem parece inverno...
— Mas acho que vai chover.
— Tá com cara...
O tempo é um assunto seguro. De todas as coisas que duas pessoas num táxi ou lado a lado num ônibus têm indiscutivelmente em comum (ambas são seres humanos, falam a mesma língua, estão ali com um destino ou um objetivo igual e são contemporâneas), o fato de estarem experimentando as mesmas condições climáticas é a mais indiscutível de todas.
— Ontem deu uma refrescadinha.
— É verdade. Pelo fim da tarde.
— Isso.
Falar sobre futebol é arriscado. Política, nem pensar. E não ficaria bem comentarem sua humanidade comum, suas afinidades básicas como espécie.
— Não pude deixar de observar que a senhora é uma bípede mamífera de sangue quente. Como eu.

— Que coincidência!
Melhor falar sobre o tempo. É o assunto mais à mão, e o único com cem por cento de garantia de interessar a todos e fazer parte de uma experiência universal.

Mas existe outro assunto comum a toda a espécie, talvez o assunto prioritário da espécie, que só não inaugura todas as conversas porque também é o seu principal terror. A morte. Falamos do tempo para não falarmos da nossa outra afinidade óbvia, a mortalidade. Ou, talvez, quando falamos do tempo, estejamos falando sobre a morte, em código.
— Quente, né? (Você sabe que nós vamos morrer, não sabe?)
— Nem parece inverno. (Sei. Todos sabem.)
— Mas acho que vai chover. (O jeito é viver como se não soubéssemos. Você concorda?)
— Tá com cara... (Pode ser. Seria impossível levar uma vida normal se não conseguíssemos conviver com nossa mortalidade, e acomodá-la, como uma hérnia inoperável.)
— Se chover hoje, talvez refresque de novo. (Temos é que negociar com a morte o tempo todo, como se negocia um armistício. Reconhecendo a sua vitória e o seu domínio, mas exigindo tratamento digno, como é o direito de todo prisioneiro.)
— Geralmente é assim. (Mas não se pode racionalizar com a morte. A morte está além de qualquer racionalização. A única maneira de tratar a morte é nos seus próprios termos: ignorá-la, e tentar viver como se ela não existisse, ou matá-la, com um tiro certeiro na nossa têmpora.)
— Eu não aguento calor. (É o nosso corpo que nos mata. Matá-lo primeiro, francamente, me parece uma forma de colaboracionismo.)

— Eu também prefiro o frio. (Negociar com a morte significa reduzir toda a nossa vida a um pedido de clemência. Toda conversa que não é com ou sobre a morte é desconversa.)

E há quem diga que toda conversa, no fundo, é sobre sexo. Outro assunto universal.
— Quente, né? (Topas?)

O vácuo

Houve um tempo em que os cachorros corriam atrás dos carros. Era uma cena comum: vira-latas perseguindo carros, latindo, como se quisessem expulsar um intruso no seu meio. Às vezes, viam-se bandos de cães indignados perseguindo carros que passavam e dava até para imaginar que um dia conseguiriam alcançar um, dos pequenos, pará-lo, cercá-lo e... E o quê? Comê-lo? Nunca ficou claro o que os cachorros fariam se alcançassem um carro. Era uma raiva sem planejamento. (Hoje, a cena de cachorros correndo atrás de carros é rara. Os cachorros modernizaram-se. Renderam-se aos domínios do automóvel. Ou convenceram-se do seu próprio ridículo.)

Os manifestantes contra o governo sabem o que não querem — a Dilma, o Lula, o PT no poder —, mas ainda não pensaram bem no que querem. Se conseguirem derrubar o governo, que cada vez mais se parece com um fusca indefeso sitiado por cães obsoletos, o que, exatamente, pretendem fazer com o vácuo? A política econômica atual é um sonho neoliberal. Seu oposto seria uma volta à política econômica pré-Levy? Dependendo de como for impedida a Dilma, o vácuo pode ser preenchido pela ascensão do vice-presidente (tudo bem), pelo eleito num novo pleito (seja o que Deus quiser) ou pelo Eduardo Cunha (bate na madeira). O que os manifestantes preferem? A raiva precisa de um mínimo de previsão.

Uma parte dos manifestantes não tem dúvida do que quer. Da primeira grande manifestação de 2013 passando pelas duas deste ano, o que mais cresceu e apareceu foi a linha Bolsonaro, que pede a volta da ditadura militar e lamenta, abertamente, que os militares não tenham matado a Dilma quando tiveram a oportunidade. Por sinal, o Fernando Henrique talvez se lembre de que o Bolsonaro disse a mesma coisa a seu respeito. Mas, enfim, as guerras fazem estranhos aliados.

Sugiro a quem se preocupa com o momento nacional que faça um pouco de arqueologia histórica para manter as coisas em perspectiva. Procure na imprensa da época a reação causada pela marcha da família com Deus pela liberdade contra a ameaça comunista. Também foi uma manifestação enorme, impressionante. E foi o preâmbulo do golpe de 64, e dos vinte anos sombrios que se seguiram e hoje tanta gente quer ver de novo. Pode-se argumentar que os tempos eram outros, tão distantes que os cachorros de então ainda corriam atrás de carros, e a luta era outra. Mas o triste é que ainda é a mesma luta.

Recapitulando

Uma crônica escrita para ser lida no dia 31 de dezembro ou é o que se espera de uma crônica escrita para ser lida no dia 31 de dezembro — um apanhado final do que foi o ano que termina, uma retrospectiva dos seus melhores e piores momentos etc. — ou um monumento à alienação. Cheguei a pensar em escolher uma figura que simbolizasse o ano e o Brasil em que estamos vivendo e estava quase me definindo pelo Japonês Bonzinho, mas acabei optando por desconsiderar a data. Me recuso a recapitular, ainda mais um ano de péssima qualidade como foi 2015, que, fora a volta do Botafogo à primeira divisão, não teve nada que o recomendasse. Prefiro aproveitar o espaço para fazer uma retrospectiva pessoal, de coisas que a vida me ensinou, da sabedoria acumulada através dos anos, que, penso, as novas gerações podem aproveitar.

Aprendi que filosofia é tudo que você diz com o olhar parado — a não ser que você esteja dando um pum.

Que felicidade é descobrir que ainda tem coca na latinha que você pensava ter esvaziado.

Que a frase mais enternecedora da língua portuguesa é "esse é o colesterol bom".

E a mais bonita é "os triglicérides estão normais".

Que o controle remoto é a maior invenção da humanidade desde a varinha para coçar as costas.

Que o pudim de laranja é a única prova convincente da existência de Deus.

Além da Patrícia Pillar, claro.

Que em terra de cegos o trânsito deve ser uma loucura e quem tem um olho abre uma seguradora.

Que algo morreu dentro de alguns brasileiros com a descoberta de que não se pode confiar mais nem em bancos suíços, e nada mais é sagrado.

Que você sabe que não está agradando quando a mulher olha para você como se tivesse acabado de tirá-lo do seu nariz.

Que você sabe que está ficando velho quando a sua memória... a sua memória... O que é que eu ia dizer, mesmo?

Que você sabe que está ficando velho quando só consegue sair da poltrona na terceira tentativa e aí esquece por que se levantou.

Que você sabe que está ficando um velho filosófico quando lhe perguntam o que você acha de viver no Brasil e você responde: "A gente acaba se acostumando...".

Criadores

O dr. Victor Frankenstein finalmente procurou um advogado. Que o recebeu com surpresa, e depois se desculpou:
— É que eu vi o nome "Frankenstein" na minha agenda e pensei...
— Que eu era o monstro, não é? Todo mundo se engana. Frankenstein sou eu, não o monstro que eu criei. Ele não tem nome, mas se apresenta como "Frankenstein", e está fazendo uma carreira artística de sucesso, ganhando muito dinheiro. Com o meu nome! É sobre isso que vim consultá-lo.
— O senhor quer que...
— Que ele pare de usar o nome "Frankenstein". E me pague por ter usado o nome sem a minha permissão, todos esses anos. Quero meus direitos de criador! Fui eu que juntei e costurei as partes do seu corpo, fui eu que dei vida ao monstro. Tudo sem receber um tostão! Ou, ao menos, um "muito obrigado".
— Vamos ver o que se pode fazer — disse o advogado.

Semanas depois, o dr. Frankenstein foi chamado ao escritório do advogado. Que lhe deu a notícia:

— A questão da sua ação contra o Frank... Digo, contra o monstro que usa o seu nome, se complicou.
— Como?
— Apareceu outra pessoa que se diz criadora do monstro. Aliás, ela alega que criou o senhor também.
— O quê? Quem é essa impostora?
— O nome dela é Mary Shelley. Escritora. Ela diz que inventou o senhor e que o senhor inventou o monstro, portanto ela se considera criadora dele também. E também reclama que nunca recebeu nada dele.
— Não podemos fazer um acordo com ela? Dividir os direitos da criação, qualquer coisa assim?
— Vamos ver o que se pode fazer — disse o advogado.

Foi feito o acordo com Mary Shelley. Mas...
— Surgiu outro que se diz criador — disse o advogado.
— Quem? — perguntaram o dr. Frankenstein e Mary Shelley, em uníssono.
— Deus.
— Deus Nosso Senhor? Criador do Céu e da Terra?
— O mesmo. Ele diz que guiou a mão de Mary Shelley quando ela escreveu o livro. Que guia a mão de todos os artistas. E que dá vida a todas as criaturas, monstruosas ou não.
— E Ele quer receber os direitos da criação também?
— Quer, mas está disposto a conversar. O que vocês acham?
— Sei não... — disse Mary Shelley.
E o dr. Frankenstein:
— Não se estaria criando um precedente?

Fofo

No dia em que completaram trinta e cinco anos de casados, Valdir perguntou a Eunice:
— Posso lhe pedir uma coisa?
— Claro, fofo.
— Não me chama mais de fofo.
— Ai, fofo! Por quê?
— Porque eu não quero mais.
— Mas, fofo...
— É ridículo.
— É um apelido carinhoso. Por que você nunca reclamou, antes?

Era verdade. Todos aqueles anos sendo chamado de fofo, desde o tempo de namorados, e Valdir nunca se queixara. E agora aquela rebelião.
— É o efeito cumulativo, entende? — disse Valdir, sem certeza se "cumulativo" estava certo. — Não quero mais.
— Mas todo mundo chama você de fofo.
— Chama porque você chama. É gozação. Devem rir muito de nós, nas nossas costas. Devem pensar que eu também chamo você de fofa, na intimidade. Para eles, somos "os fofos".

— Você nunca me chamou de fofa.
— Porque nós não somos fofos, Eunice. Somos de uma raça cheia de defeitos, condenada ao desespero e à morte, sem nada que nos salve. Nosso caráter é inconfiável, nosso destino é trágico, somos tudo menos fofos.
— Valdir, eu nunca vi você amargo assim!
— Pois agora está vendo como eu não sou fofo. Ninguém é fofo.
— Mas você não acha que a gente deveria... deveria...
— Deveria o quê, Eunice?
— Deveria viver como se fôssemos fofos? Pelo menos um para o outro?
— Você quer dizer viver uma mentira?
— Não, mas também não desistir. Se fingir de fofos para não acabar desse jeito, amargos como você, depois de trinta e cinco anos.
— A vida é um absurdo e nada faz sentido.
— Viu só como você ficou, fofo?
— Fofo não.
— Como é que eu posso chamar você, então?
— Dico.
— Dico?!
— Era como a minha mãe me chamava...
— Dico. E olha aí, você ficou comovido! Que fofura.

Serenata

O Último Romântico escreve poemas para a mulher amada. Às vezes, pede ajuda aos amigos do bar.
— O que rima com "primavera"?
Os amigos acham graça do Último Romântico, mas ajudam.
— Tenta "quimera".
— "Quimera." Boa.
— Você sabe, claro, que esta será a última vez na história do mundo que alguém rima "primavera" com "quimera".
— Não importa!

Às vezes, os amigos gozam do Último Romântico.
— "Amor" rima com? Não vale "flor", que eu já usei.
— Isopor.
— Horror.
— Bolor!
O Último Romântico não liga para a gozação. Põe seus poemas em envelopes que manda para sua amada, quase diariamente.
— Sua amada alguma vez respondeu uma carta sua?

— Nunca. Mas o amor tem que ser assim. Dilacerante. Se não for dilacerante não é amor. Eu morro de amor todos os dias.
— Ninguém mais morre de amor.
— Pois deveriam.
— A última vez que alguém morreu de amor no Brasil foi nos anos 1950 e suspeita-se que foi intoxicação alimentar.
— Pois não sabem o que estão perdendo.

Um dia, o Último Romântico chegou ao bar empolgado com uma ideia. Faria uma serenata para a mulher amada. Os amigos o acompanhariam? Ninguém se entusiasmou.
— Serenata, cara?
— Exato. À moda antiga. Debaixo da sacada dela. Minha voz não é das piores. Só preciso de acompanhamento.
Todos olharam para o Pires, o único da turma que tocava violão.
— E aí, Pires? Vai encarar?
O Pires hesitou, depois disse:
— Topo.
— Você sabe "Carinhoso"? — perguntou o Último Romântico.
— Arranho.

O Último Romântico e o Pires chegaram ao prédio onde morava a amada, no meio da noite. Primeira constatação: o prédio não tinha sacada. O Último Romântico sabia qual era a janela da amada? Só sabia que era no oitavo andar. O jeito seria fazer a serenata pelo interfone. Mas qual dos dois apartamentos do oitavo andar era o da amada?
— Como é o sobrenome dela? — quis saber o Pires, consultando o painel de moradores ao lado do portão.

— E eu sei?
— Um dos moradores do oitavo se chama Susuki. Sua amada é japonesa?
— Não. Aperta o outro.

Depois de um longo tempo, ouviu-se uma voz feminina sonolenta:

— Quem é?

O Último Romântico só teve tempo de começar a cantar "Meu coração...", quando chegaram os assaltantes.

A ilusão

Gosto de imaginar a História como uma velha e pachorrenta senhora que tem o que nenhum de nós tem: tempo para pensar nas coisas e julgar o que aconteceu com a sabedoria — bem, com a sabedoria das velhas senhoras. Nós vivemos atrás de um contexto maior que explique tudo, mas estamos sempre esbarrando nos limites da nossa compreensão, nos perdendo nas paixões do momento presente. Nos falta a distância do momento. Nos falta a virtude madura da isenção. Enfim, nos falta tudo que a História tem de sobra.

Uma das vantagens de pensar na História como uma pessoa é que podemos ampliar a fantasia e imaginá-la como uma interlocutora, misteriosamente acessível para um papo.

— Vamos fazer de conta que eu viajei no tempo e a encontrei nesta mesa de bar.

— A História não tem faz de conta, meu filho. A História é sempre real, doa a quem doer.

— Mas a gente vive ouvindo falar de revisões históricas...

— As revisões são a História se repensando, não se desmentindo. O que você quer?

— Eu queria falar com a senhora sobre o Brasil de 2016.
— Brasil, Brasil...
— PT. Lula. Impeachment.
— Ah, sim. Me lembrei agora. Faz tanto tempo...
— O que significou tudo aquilo?
— Foi o fim de uma ilusão. Pelo menos foi assim que eu cataloguei.
— Foi o fim de uma ilusão petista de mudar o Brasil?
— Mais, mais. Foi o fim da ilusão de que qualquer governo com pretensões sociais poderia conviver, em qualquer lugar do mundo, com os donos do dinheiro e uma plutocracia conservadora, sem que cedo ou tarde houvesse um conflito, e uma tentativa de aniquilamento da discrepância. Um governo para os pobres, mais do que um incômodo político para o conservadorismo dominante, era um mau exemplo, uma ameaça inadmissível para a fortaleza do poder real. Era preciso acabar com a ameaça e jogar sal em cima. Era isso que estava acontecendo.

Um pouco surpreso com a eloquência da História, pensei em perguntar qual seria o resultado do impeachment. Me contive. Também não ousei pedir que ela consultasse seus arquivos e me dissesse se o Eduardo Cunha seria presidente do Brasil.

Eu não queria ouvir a resposta.

Na ponta da língua

Muitos mitos da seleção brasileira de 70 não resistiram ao tempo. Ou foram desmentidos ou foram convenientemente esquecidos. João Saldanha disse que cortaria o Pelé da lista porque o Pelé era míope? Largou a seleção porque os militares no poder, a começar pelo presidente Médici, estavam se intrometendo demais no seu trabalho, ou não foi bem assim? Não importa. O que deixou mais saudades — porque nunca tinha acontecido e nunca mais se repetiu — foi a simples anunciação pelo Saldanha, como primeiro ato da sua regência, do time que ele tinha na cabeça, do goleiro ao ponta-esquerda. O time que acabou ganhando no México não foi o do Saldanha, foi o do Zagallo, mas isso também não interessa. O fato é que, entre o time da ponta da língua do Saldanha e o que jogou no México, entraram as circunstâncias, essas serpentinas em que a gente vive se enrolando.

Hoje, não existe mais a escalação espontânea como a do Saldanha. O futebol mudou no campo (nem ponta-esquerda existe mais) e fora dele. Ninguém consegue acompanhar o que os jogadores brasileiros fazem no exterior para merecer a seleção. Em alguns casos, são jogadores que saíram daqui desconhecidos e só se destacaram lá fora, ou só são conhecidos por quem acompanha, por exemplo, o futebol turco ou árabe. Não são mais da nossa vizinhança. O Brasil de 70, com Médici e tudo, era um pouco mais íntimo. E na falta do time mais ou menos óbvio, na falta do time da ponta da língua, o que se vê é isto: uma seleção em constante experimentação. Como essa da Olimpíada, formada por jogadores que aqui mal se conhecem.

Zeloso guardador

No outro dia, estive conversando com meu anjo da guarda. Há tempo não nos falávamos. Na verdade, na última vez em que me dirigira a ele, eu tinha uns sete ou oito anos. Começamos a conversa lembrando aquele tempo.

— Como era mesmo que eu dizia? "Santo anjo do Senhor, meu zeloso guardador..."

Ele sorriu.

— É. Todas as noites, antes de dormir. E sempre terminava me pedindo para proteger toda a sua família, os amigos, os vizinhos e o dr. Getúlio Vargas.

— O dr. Getúlio Vargas.

— Faz tempo.

— Foi você que não quis mais falar comigo. Eu continuei ouvindo.

— Pois é. Perdi a fé. Não acreditava mais em você. Aliás, continuo não acreditando.

— Tudo bem. Não é razão para não conversarmos. Eu não tenho preconceito.

— Teve uma coisa que sempre me intrigou: você, se existisse, seria o meu guardador particular, ou cada anjo cuidaria de várias pessoas ao mesmo tempo? Isso explicaria o fato de tantos morrerem fora de hora, enquanto outros sobrevivem. Os anjos da guarda não estão sobrecarregados?

— Não, não. Minhas instruções são de cuidar de você com exclusividade. Dedicação integral. Sete por vinte e quatro, sem folga nos fins de semana.

— Eu não lhe dei muito trabalho, dei? Tive uma vida pacata...

— Bom, precisei intervir algumas vezes. Esta você nem vai se lembrar. Ainda garoto, você foi soltar um foguete e não se deu conta de que estava apontando o lado errado para cima. Se não fosse eu cochichar "Vira! Vira!" no seu ouvido, no último minuto, o rojão teria entrado no seu peito. Outra vez, você estava num avião que saía do Galeão para Porto Alegre e a decolagem teve que ser abortada na metade da pista. Poderia ter sido uma tragédia se não fosse a minha intervenção. No caso, intervim para salvar o seu ego, já que todo o time do Flamengo estava no avião e o seu nome só sairia nos jornais sob "Também morreram...".

— Mas fora isso...

— Fora isso, não tenho do que me queixar. Está sendo uma missão tranquila.

— Posso lhe pedir uma coisa, como fazia antigamente, quando eu acreditava?

— Depende. O quê?

— Alguns congressistas brasileiros... Não dá para...

— Liquidá-los?

— Não. Mas quem sabe uma dor de barriga coletiva?

— Nós não nos metemos em política.

Os amigos

Dona Vitória morreu e a família se reuniu no seu velório. Filhos, filhas, noras, genros, netos e netas. Só a família já lotava a capela, mas não pararam de chegar parentes próximos e afastados, amigos e amigas de dona Vitória — e um tipo estranho, um homem grande, quase um gigante, de barba comprida e negra, carregando um saco nas costas.

Todos se entreolharam. Quem seria aquela figura assustadora? O monstro ficou parado por algum tempo ao lado do caixão aberto, fitando o rosto de dona Vitória. Depois, foi postar-se num canto da capela, indiferente ao burburinho que sua presença causara. E visivelmente emocionado.

— Deve ser um conhecido da mamãe.

Mas onde dona Vitória teria conhecido um tipo daqueles? Ela quase não saía de casa. Talvez fosse alguém que conhecera na juventude. Ninguém sabia muita coisa da juventude de dona Vitória. Pela aparência, o homem era da mesma idade dela. Mas permanecia o mistério: como dona Vitória conhecera uma figura assim?

O filho mais velho de dona Vitória aproximou-se do homem e perguntou:

— O senhor é...
— O Bicho-Papão — rugiu o velho.
— O quê?
— O Bicho-Papão. A Vitória nunca falou em mim? E o filho mais velho lembrou que muitas vezes a mãe ameaçara chamar o Bicho-Papão para levar as crianças desobedientes no seu saco. E o Bicho-Papão existia! E era amigo da dona Vitória!

O filho mais velho só não fez mais perguntas ao Bicho-Papão porque acabara de entrar uma figura ainda mais repelente no velório. Um velho, também. Este mastigava alguma coisa, fazendo muito barulho, e a saliva lhe escorria pelos cantos da boca.
— Já sei — disse o filho. — Você é o Come-Feio?
— O senhor já me conhecia?
— De ouvir falar. Mas recebíamos as suas lembranças.
"O Come-Feio mandou lembranças" era um dos refrãos usados pela dona Vitória para chamar a atenção de quem comesse fazendo barulho na mesa ou falasse de boca cheia. Quem poderia imaginar que o Come-Feio — e as suas lembranças — fosse de verdade? O Come-Feio também foi olhar o rosto da dona Vitória e também chorou. Mas era difícil distinguir o que era lágrima e o que era saliva escorrendo no seu rosto.

E chegaram um homem e uma mulher, que também foram olhar dona Vitória no caixão e depois se identificaram:
— Somos os netos do Neves.
— O Neves?
— Dona Vitória foi grande amiga do vovô. Quando ele morreu, ela foi ao enterro dele, por isso achamos que devíamos vir ao enterro dela.

E o filho da dona Vitória se lembrou do que sua mãe sempre dizia: "Até aí morreu o Neves...". O Neves também existia! Ou existira.

A família concordou que era preciso saber mais sobre a juventude da dona Vitória.

Atenção

No Brasil da Lava Jato, tornou-se muito importante saber se suas conversas telefônicas estão sendo gravadas. Atenção. Desconfie se:
— Antes de começar a falar, você ouve uma voz dizendo "Silêncio no estúdio!".
— Antes de começar a falar, você ouve uma voz dizendo "Fale pausadamente, enuncie bem as palavras e tente ser conciso".
— Antes de começar a falar, você ouve a instrução "Evite ironias, como, no fim da ligação, dizer: 'É com você, Bonner'".

Mesmo se não detectar sinais de que seu telefone está grampeado, acostume-se a falar em código, tendo o cuidado de combinar com seus interlocutores o significado real das palavras mais usadas em suas conversas. Por exemplo:

Tia Helga — Conta na Suíça.
Tia Matilda — Ilhas Cayman.
Milho verde — Milhões de dólares.
Pamonhas — Milhões de reais.
Canjica — Milhões de euros.

Como em "Mandei duas canjicas para a tia Helga" ou "Recebi uns milhos verdes da tia Matilda", ou "Estou pensando em transformar os milhos verdes da tia Matilda em pamonhas para a mamãe, que está ótima (tradução: 'para aplicar na bolsa, que está em alta'), e canjica para comer com o seu Maurício no fim do ano ('para gastar na temporada em Saint Moritz')".

Nunca se refira ao seu iate ou ao seu condomínio em Palm Beach.

Diga "o meu caiaque" e "a minha chácara". Nunca cite nomes reais, mesmo que eles não tenham nada a ver com o que a Polícia Federal (código: "Os mosquitos") pode estar investigando a seu respeito. Use pseudônimos.

Nunca fale em "propina" (prefira "motivação"), nunca se gabe dos congressistas que tem no bolso (melhor comentar que apoia o pluralismo democrático) e em hipótese alguma encomende vinhos, enlatados e um novo home theater pelo telefone sem explicar que é para o cachorro.

É claro que também é preciso se precaver contra o risco de as coisas mais inocentes parecerem código, e você ser incriminado pelo mal-entendido.

— Mas eu tenho uma tia chamada Helga, delegado.
— Claro, claro. E manda canjicas para ela todos os meses.
— Mando mesmo. Para Camaquã.
— Rá! Um óbvio código para Cayman.
— Não, não, delegado. É uma cidade no interior do...
— E este trecho da gravação em que se planeja a participação do seu grupo financeiro na venda do Brasil para um consórcio espanhol?
— O quê? Isso era eu lembrando à minha mulher que nós estamos devendo pro espanhol da feira!
— Tá. Conta outra.

Vi

Não posso me queixar. Em oitenta anos de vida, vi...
— um homem pisar na Lua pela primeira vez...
— um presidente brasileiro se matar, um ser deposto e dois serem empessegados...
— um presidente dos Estados Unidos ser abatido a tiros...
— um negro ser eleito presidente dos Estados Unidos e não ser abatido a tiros...
— a morte do telefone de discar e do disco de vinil, que ressuscitou...
— o aparecimento da caneta esferográfica...
— uma guerra mundial, que terminou com o lançamento de duas bombas atômicas e a morte de duzentos mil civis...
— mulheres sendo presas na praia por vestirem muito pouco e mulheres sendo presas por se taparem demais...
— a ascensão e a queda do monoquíni...
— a ascensão e a queda do twist, do hully-gully e do chá-chá-chá...
— a queda de Benito Mussolini e Adolf Hitler...
— a queda do Muro de Berlim...

— a queda dos meus cabelos...
— Nelson Mandela e o fim do apartheid...
— Muhammad Ali...
— o Pelé jogar...
— as derrotas da seleção por 2 a 1 em 1950 e por 7 a 1 em 2014, e os anos gloriosos entre uma e outra...
— os Beatles...
— o Onze de Setembro...
— as sondas espaciais que mandam fotos de planetas distantes, como paparazzi siderais...
— o Fellini filmando...
— o Charlie Parker tocando...
— o aparecimento do computador...
— o aparecimento da internet...
— o aparecimento do celular...
— a Patrícia Pillar...
— a primeira aparição da Ingrid Bergman em *Por quem os sinos dobram* e a da Rita Hayworth em *Gilda*...
— o Internacional ser campeão brasileiro em 75, 76 e 79 (invicto) e campeão do mundo em 2006 com um gol do Gabiru (Gabigol!)...
— o implante de cabelo (funcionou com o Renan Calheiros, ué)...

Assovio

A República prestes a ruir, as instituições em guerra e ele assoviando?
Gente, um homem passou por mim assoviando. Cheguei a me virar para vê-lo passar. Lá ia ele, mãos nos bolsos — assoviando! Deve ser um turista, pensei. Isso, um turista. Alguém que está aqui de passagem. Mas não, o homem não parecia ser estrangeiro. Era um brasileiro. Incrível, um brasileiro despreocupado. Um brasileiro assoviando.
Quase gritei "Pare de assoviar!". Aquilo era quase um acinte, um desrespeito à gravidade da situação. Ele não sabia da crise política, econômica, ética, moral e cívica que o país atravessava? Não tinham lhe contado do PIB, dos preços, do desemprego, do Gilmar Mendes? Ele não se dava conta do que estava acontecendo? Ele via mais alguém assoviando como ele?
Pensei em reprimi-lo por estar caminhando daquele jeito, mãos nos bolsos e assoviando. A República prestes a ruir, as instituições em guerra e ele assoviando? E não era só o Brasil. O Trump na presidência dos Estados Unidos, o populismo de direita prosperando em todo o mundo, o terrorismo, a situação no Oriente Médio...

E então pensei: ele pode estar assoviando não porque não sabe de nada, mas assoviando porque sabe alguma coisa que ninguém mais sabe. Talvez pertencesse a uma célula de otimistas só esperando a nação se autodestruir para assumir o poder, uma seita secreta de assoviadores esperando a hora de devolver nossa alegria. Eu precisava descobrir a razão daquele assovio. Mas o homem desaparecera na multidão. Se ele passar por você, siga-o e não o perca de vista. Ele pode ser a salvação. Será fácil reconhecê-lo: só ele estará assoviando.

Antônio e Luana

Naquela noite, como em todas as noites, frei Antônio atirou-se na sua cama de pedra coberta com aniagem e palha, e tentou não pensar nela. Tinha dado suas nove voltas no claustro, rezando e tentando não pensar nela. Agora, na cama, a única maneira de não pensar nela era dormir. Mas frei Antônio não conseguia dormir, pensando nela. Ela se chamaria Lua. Ou Luana. Qualquer coisa assim.

Dois séculos depois:
— Bacana! — disse Luana, quando entrou no quarto. Que era mesmo uma beleza. Tinham aproveitado as celas do velho mosteiro para fazer o hotel. O quarto era pequeno e as paredes de pedra tinham sido mantidas. Mas a decoração era linda e o quarto não era frio, era aconchegante, bem como dizia no prospecto. Aconchegante.
— O que é aquilo? — perguntou Luana.
— Acho que era onde os monges dormiam.
— Assim, em cima da pedra?

— É, Lu. Mas a nossa cama é aquela ali...
O quarto só tinha uma janela alta e estreita, como uma seteira. Naquela noite, depois do amor ("Nunca pensei, fazer isto num mosteiro..."), Luana ficou olhando a luz da lua cheia que entrava pela janela alta e estreita.

Frei Antônio olhava a janela alta e estreita por onde entrava a luz da lua cheia. Lua. Ela se chamaria Lua. Teria cabelos loiros. Seria uma Lua loira. Senhor, que a porta se abra agora e entre uma Lua loira. Uma Lua nua. Uma Lua loira e nua. Senhor. Agora, Senhor, Lua e nua e loira... Quando finalmente dormia, frei Antônio não sonhava com ela. Sonhava com o inferno. Sonhava com o fogo do Sol. Às vezes, acordava no meio da noite, suado, e pensava: "As chamas são para você aprender, Antônio. São o seu castigo". Mas castigo por quê, se a Lua não se deitava com ele, se a Lua só existia na sua imaginação? Eu a amo e ela nunca virá. E eu arderei no inferno só pelo que pensei.

— Imagina a vida que eles levavam, Túlio.
— Quem?
— Os monges. Deviam ficar ali, deitados na pedra, coitadinhos...
— Pensando em mulher.
— Será? Acho que não. Tinham escolhido uma vida sem mulher. Sem sexo.
— Falando nisso, chega pra cá, chega.
— Não. Para. Como seria o nome dele?
— De quem?
— Do monge que vivia nesta cela?
— Sei lá. Isto aqui deixou de ser mosteiro há uns cem anos...

Luana ficou pensando no último monge que ocupara aquela cela. Como seria ele? Passou a imaginá-lo. Imaginou-se entrando na sua cela e deitando-se com ele. Assim como estava, nua. Ele a expulsaria da sua cama de pedra? Pobrezinho.

Frei Antônio sentiu que havia outro corpo com ele na cama. Sentiu seu calor. Mas não abriu os olhos. Não virou a cabeça. Estava sonhando, claro. Tinha medo de abrir os olhos e descobrir que não havia ninguém ali. Tinha medo de que o calor fosse embora. Ouviu uma voz de mulher perguntar:
— Como é o seu nome?
— Antônio. E o seu?
Mas não houve resposta. Frei Antônio abriu os olhos e viu a luz da Lua cheia saindo pela janela, como se fugisse.

— Antônio...
— Ahn?
— O quê?
— Você disse "Antônio".
— Eu? Tá doido?
— Estava sonhando com quem?
— Com ninguém.
— Chega pra cá, chega.
— Ó Túlio. Você só pensa nisso?
— É que, sei lá. Este quarto está carregado de sexo. Tem sexo escorrendo pelas paredes. Você não sente?
— Não.
— Já sei! Vamos fazer amor na cama de pedra.
— Não. Na cama dele, não.

O Godzilla veio atrás

Também foi um acontecimento semântico. No dia 11 de setembro de 2001 a palavra "paranoia" mudou de sentido. Passou a significar "a avaliação criteriosa da situação". Quando a segunda torre terminou de ruir, tudo tinha se tornado possível, ou nada mais era improvável.

Mas não é correto dizer que nada nas nossas vidas nos preparara para aquela cena. O cinema nos preparara. Depois que os "efeitos especiais" ficaram tão perfeitos que qualquer catástrofe imaginada (a destruição da Casa Branca por extraterrestres, a destruição do mundo por um asteroide, Nova York submersa, o *Titanic* naufragando de novo) podia ser simulada com o realismo de documentários, estávamos prontos para horrores cada vez mais satisfatórios. Nada mais era irrealizável. Os limites eram apenas a criatividade dos roteiristas e os recursos do computador. Desde que o monstro Godzilla saíra do mar para destruir Tóquio, o cinema procurava isto, um terror inventado tão real que só a sua improbabilidade nos protegia. E os efeitos especiais tinham ficado tão convincentes que seu único aperfeiçoamento possível seria o que parecia verdade ser verdade. No Onze de Setembro a barreira foi rompida. Não faltava nada para o realismo da cena, nem a realidade. O que nós não estávamos preparados era para a lenta percepção de que não era filme, ou nada que pudesse ser desfeito ou esquecido. Não estávamos preparados para o fim da improbabilidade, para sair do cinema e o Godzilla vir atrás. Desde onze do nove o monstro vive entre nós e nós não sabemos o que ele vai fazer. Ele é capaz de tudo, de arrasar a Casa Branca a afundar transatlânticos, passando pelo envenenamento de populações inteiras e pela destruição do que bem quiser, visto que começou arrancando da paisagem duas torres imensas encravadas na pedra, começou pelo impossível. Não existe roteirista determinando os seus passos ou truques de computador controlando os seus movimentos. Ao contrário do Godzilla, ele não tem uma forma: é uma ameaça invisível, uma possibilidade, uma espera. Um ano de espera. Qual será a sua próxima cena? Nem é bom, literalmente, pensar. E não adianta fugir do cinema.

Palavra

Peguei meu filho no colo (naquele tempo ainda dava), apertei-o com força e disse que só o soltaria se ele dissesse a palavra mágica. E ele disse:
— Mágica.
Foi solto em seguida. Um adulto teria procurado outra palavra, uma encantação que o libertasse. Ele não teve dúvida. Me entendeu mal, mas acertou. Disse o que eu pedi. (Não, não, hoje ele não se dedica às ciências exatas. É cantor e compositor.) Nenhuma palavra era mais mágica do que a palavra "mágica".

Quem tem o chamado dom da palavra cedo ou tarde se descobre um impostor. Ou se regenera, e passa a usar a palavra com economia e precisão, ou se refestela na impostura: Nabokov e seus borboleteios, Borges e seus labirintos. Impostura no bom sentido, claro — nada mais fascinante do que ver um bom mágico em ação. Você está ali pelos truques, não pelo seu desmascaramento. Mas quem quer usar a palavra não para fascinar, mas para transmitir um pensamento ou apenas contar uma história, tem um desafio maior, o de fazer mágica sem truques. Não transformar o lenço em pomba, mas usar o lenço para dar o recado, um lenço-correio.

Cuidando, o tempo todo, para que as palavras não se tornem mais importante do que o recado e o artifício — a impostura — não apareça, ou não atrapalhe.

O Mario Quintana disse que estilo é uma dificuldade de expressão. Na época em que a gente não podia escrever tudo o que queria, estilo muitas vezes era disfarce. Apelava-se para metáforas, elipses, entrelinhas, e dê-lhe parábolas sobre déspotas militares — na China, no século XV. Uma impostura maior, a do poder ilegítimo, obrigava à impostura da meia palavra, do truque mais ou menos óbvio. O consolo era que o medo da palavra de certa forma a enaltecia: estava implícito que o regime só sobrevivia porque a palavra não podia exercer todo o seu sortilégio. Hoje, nos vemos diante de outro regime ilegítimo, mas livres para escrever o que quisermos e livres da obrigação de dissimular. E nos descobrimos sem nem estilo nem muita relevância. Pode-se escrever tudo e não adianta nada. A palavra "mágica" é só a palavra "mágica".

Elegância

Um dos delatores da JBS comentou no seu depoimento que o presidente Temer não foi elegante ao pedir um milhão para ele, dos milhões que cruzavam à sua frente. Segundo o delator, só Kassab fez o mesmo. Notava-se certa decepção na voz do delator ao contar que Temer reivindicara uma beirada do propinato em trânsito para o seu bolso. De um Kassab não se espera outra coisa. Mas de um presidente da República? O corruptor lamentava o ocorrido. Certa etiqueta fora rompida. Certa presunção de elegância — presente até entre bandidos — fora frustrada.

    A presidência do Brasil parece um daqueles touros mecânicos sobre os quais poucos se equilibram, e o que varia é a maneira de cada um ser derrubado, com mais ou menos elegância. Nenhum presidente deposto caiu mais dramaticamente do que o Getúlio. Jânio caiu ridiculamente, Jango pateticamente, Tancredo surpreendentemente. Os generais encontraram uma maneira prática de evitar a queda e o vexame: desligaram o touro e o mantiveram desligado por vinte anos. Collor caiu sem perder a linha. Dilma idem, com a desculpa adicional de ser a primeira mulher a montar no touro.

Como o Temer cairá do touro, se cair, ninguém sabe. Pouco se falou do milhão por fora que ele pediu para o delator da JBS, talvez porque, em comparação com os bilhões que enchem os ares, um milhão pareça mais uma gorjeta do que uma propina. E há a possibilidade de o corruptor ter mentido. Seja como for, o que Temer precisa antes de mais nada é recuperar a pose. O conselho vale para todo mundo: elegância, gente.

Nunca é demais lembrar que as consequências de corrupção revelada, no Brasil, nunca são muito radicais. Ninguém fica arruinado para sempre, nenhuma carreira política se interrompe, o tempo reconstrói qualquer reputação abalada. Corruptos se desculpam, corruptores confessos deixam para trás uma República deflagrada e voam para Nova York, e tudo bem. Se fosse no Japão, já teriam acontecido no mínimo dezessete haraquiris.

Tempo maluco

O cara era novo na mesa. Não falava muito, e os outros foram sabendo da sua biografia aos poucos. Na primeira noite, contou que tinha morado em Londres. Não entrou em detalhes. "Foi há muito tempo", disse.

Dias depois, contou:

— Eu estou na capa do *Sergeant Pepper's*.

— O quê?

— Do disco. *Sergeant Pepper's Lonely Hearts Club Band*. Beatles.

Os outros se entreolharam. Nem todos se lembravam da capa do disco.

Os que se lembravam sabiam que na capa do disco apareciam os quatro Beatles e mais uma porção de gente no fundo. Como ele fora parar na capa de um disco dos Beatles?

Ele só sorriu e disse:

— Era um tempo muito maluco...

Na ausência dele, a mesa se dividiu. Uns diziam que ele era um grande mentiroso. Outros achavam que ele podia estar dizendo a verdade. Por que não?

Alguém se lembrou que tinha o disco em casa. O long-play original, de vinil. Com a capa grande. Trouxe para o bar. Fizeram um minucioso exame das caras que apareciam na capa. Não conseguiram identificar todas. O Fred Astaire. O Bob Dylan. A Marilyn Monroe. Aquele era o Karl Marx ou o Moisés? O Gordo e o Magro. O Marlon Brando. O Albert Einstein...

— Olha o Tony Curtis!

Entre os não identificados, tinha um que podia ou não ser o cara.

— Claro que não é. Esse é o... é o...

— Pode ser ele.

— De jeito nenhum!

— Não esquece que isso foi há anos. Que idade ele teria então?

— Nós não sabemos que idade ele tem agora.

— Sei não. Pode ser ele...

Decidiram pedir mais informações ao cara. Da próxima vez que ele aparecesse na mesa, perguntariam o que ele fazia em Londres.

Ele foi vago:

— De tudo.

Não adiantou insistirem. Ele apenas sorria e não contava nada. Fora há muito tempo, muito tempo. Não se lembrava da metade.

— Mas na capa do *Sergeant Pepper's* só tem gente conhecida. Gente famosa. Você era famoso por quê?

O cara hesitou. Não queria parecer prosa.

— Bom, famoso eu não era. Mas era conhecido.

— Por quê?

— Por ter sido casado com a Twiggy.

E diante da reação da mesa, se apressou a esclarecer:

— Mas só por quinze minutos.

A conclusão foi unânime, o cara era um grande mentiroso. Quase unânime. Um ainda perguntou: "Por que não?".

Afinal, aquele tinha sido mesmo um tempo muito maluco.

Pelo computador

Em 2018 teremos eleições, e a oportunidade de renovar a política brasileira de cima a baixo. Ou, pelo menos, de melhorar a qualidade dos nossos políticos, mesmo que alguns dos condenados e execrados de hoje consigam se reeleger. Das urnas eletrônicas de 2018 sairá certamente um Brasil melhor. Inclusive porque pior ele não pode ficar.

As urnas eletrônicas são um exemplo da invasão da cultura cibernética dos nossos costumes. E já há quem imagine que elas são o começo de uma informatização progressiva do processo eleitoral que culminará, um dia, com a eliminação do próprio candidato. Assim como as urnas eletrônicas tornaram obsoleto o voto de papel, as maquininhas de votar se aperfeiçoarão a ponto de substituir o candidato por um projeto de candidato. Em vez de digitar na urna os números que identificam o candidato com as características e qualidades que você quer, você digitará os números que identificam essas características e qualidades — e o computador fabricará um candidato com as especificações mais procuradas. Em vez de um presidente, por exemplo, teríamos uma espécie de print-out consensual.

Como o amor e as compras, um dia a democracia também será feita só através da internet. Você não precisará sair de casa para votar — e poderá votar em qualquer eleição do mundo! Se a globalização já tivesse chegado a esse ponto você poderia ter votado nas recentes eleições na França e na Inglaterra, por exemplo, e ajudado a derrotar o Trump. Só não votará quem não estiver ligado na internet, mas a essa altura quem não estiver ligado na internet não fará mais nada, e não será mais ninguém.

E um dia o circuito se fechará. Digitaremos no nosso computador para eleger computadores. Computadores programados farão o trabalho do Legislativo e do Executivo. Eliminaremos o fator humano, portanto a ineficiência e a corrupção, a técnica nos dominará e seremos felizes. Ou infelizes, dará no mesmo, porque não haverá ninguém para culpar, e os computadores farão pouco dos nossos protestos. Até o presidente será um computador central. E, no Brasil, a única coisa certa é que o computador vice será o PMDB.

Comparando eras

Não há o que criticar na seleção do Tite, embora, para muita gente, a cada nova convocação mais transparece a mediocridade reinante no futebol brasileiro. Uma opinião injusta, porque nosso futebol não está tão medíocre assim e porque cada nova geração de jogadores é comparada com as gerações dos anos de glória, e fatalmente perde no confronto. Mas comparar eras só serve para destruir fantasias do tipo "seleção brasileira de todos os tempos", em que Zizinho troca passes com Falcão e Garrincha cruza para Leônidas cabecear.

Não dá para comparar. Grandes estilistas do meio-campo não jogariam hoje da mesma maneira que jogam na nossa memória com um adversário supertreinado chutando seu calcanhar e bufando no seu ouvido. Mas tem outro lado: algum craque de hoje se destacaria no futebol do passado, tendo que competir não no fôlego e no tranco, mas no puro brilho? Talvez sim, mas ninguém se lembraria deles hoje.

Eras e estilos não são comparáveis em nenhum tipo de arte. Quem foi o maior pintor de todos os tempos? Não vejo como o título poderia fugir da Espanha. Velázquez, Goya ou Picasso —

este atuando em várias posições — mereceriam a escolha mais do que, por exemplo, Michelangelo Buonarroti. Mas o time italiano é forte: Rafael e Ticiano na zaga, Botticelli e Tintoretto no meio, Leonardo na lateral e os holandeses Rembrandt e Hals (comprados pelo Milan) na frente, além de Michelangelo. E onde colocar Giotto? Na história da arte, os murais de Giotto significam mais do que o teto da Capela Sistina. Giotto foi uma ruptura radical com o passado, Michelangelo não.

Picasso merece entrar na disputa? Teve a vantagem sobre Velázquez, Michelangelo e os outros de viver numa era em que a canibalização cultural, o pastiche e a irreverência se tornaram artisticamente respeitáveis e pôde usar todos os estilos e materiais, do clássico ao primitivo, do plástico ao miolo do pão — e a obra de Velázquez e de Michelangelo também — na sua arte. Foi, talvez, o último pintor a dominar tanto o rigorismo formal que lhe permitira sobreviver, e brilhar, como a inventividade e a audácia que o mantiveram atual até a morte. Picasso foi como Pelé, um craque para qualquer era.

Amor

Cinco numa mesa de bar, comparando seus smartphones. Um diz:
— O meu não só mostra quem está chamando como avisa se for um chato.
— O meu — diz outro — acessa a internet, dá palpites para jogar na Sena e o tempo que faz no Himalaia.
O terceiro:
— O meu é gravador, relógio, câmera fotográfica e granada de mão, e ainda faz logaritmos.
O quarto:
— O meu codifica, decodifica e toca o Hino Nacional.
Os outros três se intercalam:
— O meu imita passarinho e dá o diretor, os roteiristas e o elenco completo de dezessete mil filmes.
— O meu dá a escalação de todas as seleções do mundo desde que inventaram o futebol e o resumo de todas as óperas.
— O meu é despertador, desfibrilador, além de mostrar imagens de Marte.
— E o meu? E o meu? — diz o quinto, que até então permanecera em silêncio.

— O seu o que faz?
— O meu — diz o quinto — me ama.

A distância

Li que implantaram um troço no cérebro de um macaco e ele conseguiu mexer outro troço com o pensamento. Um eletrodo acionado por neurônios, ou coisa parecida, permitiu ao macaco deslocar um objeto a alguns metros de distância só com a sua vontade. De certa maneira, isso é o fim de um ciclo que começou na primeira vez em que um hominídeo pensou na possibilidade de afetar algo distante dele sem sair do lugar. Pode-se resumir o desenvolvimento da humanidade e da sua ciência no cumprimento dessa vontade de não precisar ir lá. A penúltima fase do processo foi o controle remoto. A última, lógica, fase será a da telepatia. Hoje o macaco, amanhã nós todos.

Sempre defendi a tese de que foi a preguiça que trouxe a civilização. O que foi a invenção da roda senão o prenúncio da charrete e um triunfo do comodismo? Fomos a primeira espécie a criar um jeito de não ir, mas ser levada. A razão do hominídeo para deflagrar o processo que resultou no controle remoto foi prática, a de atingir uma presa sem se arriscar a ser mordido, ou almoçar sem ser almoçado. O primeiro lance do longo processo que terminou com o implante no cérebro foi a pedra arremessada.

Depois vieram a lança, o estilingue, o arco e a flecha, a catapulta, as armas de fogo, o foguete intercontinental, o drone — todos os engenhos para evitar chegar perto.

A distância sempre foi um inimigo natural do Homem, ou pelo menos do Homem Preguiçoso. Vencê-la foi o nosso grande desafio intelectual, e agora se abre a possibilidade de subjugá-la só com o intelecto, desprezando os instrumentos que, da pedra à internet, nos ajudaram até aqui. Estamos simbolicamente de volta à savana primeva, pensando em como empurrar aquele mamute para dentro do fosso sem precisar ir lá, mas agora o pensamento basta. A vontade se realizará sozinha, sem as mãos, sem mais nada. A preguiça cumpriu sua missão histórica.

Agora, só precisamos encontrar um jeito de pedir ao macaco que mexa alguma coisa por nós.

"Adevolve!"

Talvez estejamos vivendo no Brasil os últimos anos de paciência. Um arqueólogo do futuro, abrindo uma dessas caixas em que se puseram documentos, jornais, objetos e curiosidades da nossa época, terá uma reação que nos elogia ("Bons tempos aqueles") ou uma que nos condena ("Tempos bárbaros, aqueles"). Ele ou nos invejará ou nos desprezará.

Alguns itens da caixa por certo o deixarão perplexo. Jornal, por exemplo. "O que é isso?", dirá ele. E dará boas risadas com os telefones celulares, resquícios de uma época em que as pessoas não tinham transmissores e receptores implantados atrás do ouvido ao nascer.

E o Brasil? O que ele pensará do Brasil? Que interpretação do Brasil se deveria incluir na caixa para ele entender o que ocorria no país naquele longínquo começo do século XXI? Minha contribuição começaria com um episódio real, que aconteceu comigo. Nada de mais, uma pequena cena do cotidiano que só serviu como um mote para uma crônica que escrevi, e que era assim...

Eu caminhava por uma calçada e veio uma bola na minha direção. A bola tinha escapado do controle de um garoto que, de longe, gritou: "Devolve!".

Não era um pedido, era uma ordem. A mãe do garoto ouviu e perguntou se aquilo era jeito de falar com alguém. O garoto então se corrigiu. Gritou: "Adevolve!". Por alguma razão, achou que colocando um "a" no início da palavra o pedido ficava mais educado. Na crônica eu dizia que, de certa maneira, a sociedade brasileira estava fazendo o contrário do garoto.

Todas as manifestações de conformidade com a crise social brasileira tinham sido educados pedidos para que a minoria que nos domina adevolvesse o país à sua maioria excluída. E que não dava para imaginar como seria quando acabasse a boa educação, quando uma sociedade desesperada exigisse o fim da incompetência criminosa que lhe sonega saúde, segurança, educação e emprego há anos, para dar lucro a bancos e rentistas, garantia a especuladores e boa vida a poucos. Quando "devolvam!" virasse um grito de guerra.

O Brasil sempre foi de uma minoria autoperpetuada no poder, mas nunca, no passado, a maioria teve como agora uma noção tão nítida do seu banimento interno, do seu exílio sem sair do lugar. O neoliberalismo triunfante, além da revolução semântica que transformou insensibilidade social em virtude empresarial, tinha trazido uma espécie de redenção histórica para o nosso patriciado, que, afinal, só abolira a escravatura para imitar os outros, sem muita convicção. Com cada avanço da nossa elite na direção do passado, aumenta a distância entre minoria e maioria. O que eu poderia dizer ao arqueólogo do futuro é que talvez estejamos vivendo no Brasil os últimos anos de paciência. Embora ninguém pareça ter o menor temor de que o que não adevolverem por bem terão que devolver por mal.

Volta e ida

Você está numa cápsula que o levará de volta ao passado. Já escolheu o ano para o qual quer voltar: 1992. Já apertou o cinto de segurança. Só falta acionar o botão que fará a cápsula transportar você através do tempo. Você aperta o botão e swush, volta ao passado em um segundo.

Digamos que, por uma dessas coincidências que só a ficção permite, você cai no quintal da casa que morava vinte e cinco anos antes. Você desce da cápsula e reconhece a casa imediatamente. Mas nota que a vizinha mudou, não há prédios grandes rodeando a casa. E a própria casa tem algo de diferente que você custa a identificar. Claro! A casa não tem uma cerca de ferro em volta. Primeira conclusão da viagem: em 1992 as pessoas não se preocupavam tanto com segurança. Ou não o bastante para instalarem cercas em suas casas.

Mas quem é aquele moço que sai da casa e dá com a cápsula fumegante no seu quintal? É você! Com vinte e cinco anos a menos.

Vocês se examinam, depois se apresentam e fazem os comentários previsíveis quando alguém encontra a si mesmo, mais moço.

— Você engordou. Ou me deixou engordar.

— E esse cabelo pelos ombros?
— É o que todo mundo está usando, atualmente.
— Não acredito que eu usava o cabelo assim... E essas calças?
— Você esqueceu? Calças com boca de sino e sem bolsos.
— Como nós éramos ridículos...
— Ridículos não. Na moda.
— Você está namorando a Heleninha...
— Estou. Mas não sei se vai durar.
— Vai. Vocês vão se casar.
— Vou? E seremos felizes?
— Seremos. E teremos três filhos...
— Três?!

Você mais moço convida você mais velho a entrar na casa. Está curioso para saber o que virá no futuro. Como será o mundo em 2017? Pergunta:

— É verdade que haverá um helicóptero em cada garagem?
— Bem...
— E que os americanos colonizaram Marte, onde já tem até um McDonald's?
— Bem...
— E que as novelas de televisão foram substituídas por hologramas de atores que entram na nossa casa?
— Não. Mas existe uma coisa chamada GPS, que é um sistema de rastreamento por satélite que diz ao motorista por onde ir, na língua que ele quiser. E estamos experimentando com carros elétricos que dispensam motoristas.
— O quê?!

Você mais moço se lembra de que precisa ligar para a Heleninha para avisá-la de que vão se casar e ter três filhos, mas precisa esperar que ela chegue em casa para atender o telefone.

— Ela não tem celular?

— Não tem o quê?
— Telefone celular. Smartphone.
— O que é isso?
— São telefones portáteis. Em 2017 todo mundo tem. E os celulares fazem tudo que um computador faz.
— Um?
— Computador. É mesmo, esqueci. Em 1992 o computador estava recém-chegando no Brasil. E essa é a grande revolução que virá nos próximos vinte e cinco anos. A revolução da informática.
— Infor...
— Mática. O computador se tornará indispensável. Todos os computadores do mundo estarão interligados numa rede chamada de "internet", e a comunicação entre eles, não importa a distância, será instantânea. Os computadores e os celulares transmitirão voz, texto e imagem. Você poderia ligar para o celular da Heleninha, ver o rosto dela na tela e aproveitar para pedi-la em casamento.
— Eu estaria vendo o rosto dela na tela?
— E ela o seu. E tem mais.
— Tem mais?
— Hoje, ou em 2017, já tem smartphones que armazenam toda a informação sobre tudo de que você possa precisar, inclusive a temperatura em qualquer lugar do mundo no momento. Também servem de calculadora, bússola, termômetro, câmera fotográfica e despertador. Além de, claro, telefone. E alguns falam com a gente.
— Como, falam?
— Falam. Você dá bom-dia e ele responde "Bom dia". Você comenta a situação política do país e ele diz: "Por favor, não vamos entrar nesse assunto".
— Incrível.
Toca o telefone e você mais moço atende. É Heleninha, que chegou em casa.

— Heleninha? Você não vai acreditar quem está aqui em casa.
— Quem?
— Eu, mais gordo.

Ou então...
Você está numa cápsula que o levará de volta ao futuro. Já escolheu o ano para o qual quer ir: 2042. Já apertou o cinto de segurança. Só falta acionar o botão que fará a cápsula transportar você através do tempo. Você aperta o botão e swush, está no futuro em um segundo.
Você custa a identificar o local em que chegou. É a frente de um prédio com uma guarita na entrada. Dentro da guarita tem um robô armado que, sendo um robô, não se assustou com a súbita aparição da cápsula na calçada. Pelos prédios em volta você conclui que chegou ao terreno da sua casa, onde agora também se ergue um espigão. Nota que todos os prédios em volta têm guaritas ocupadas por porteiros robôs, armados com metralhadoras.
Alguém está saindo do prédio. Você o reconhece: é você, vinte e cinco anos mais velho! Depois das apresentações, você comenta:
— Você emagreceu...
— É a minha dieta. Sem glúten, sem carboidratos, sem açúcar...
— E sem gosto, aposto.
— Ao contrário. Eles encontraram uma maneira de fazer comida sem nada gostosa. É uma das grandes conquistas do século. Isso e a carne artificial.
— Já existe um helicóptero em cada garagem?
— Não, mas existem calçadas rolantes. Você não notou que nós estamos nos movendo?
— É mesmo!

— Calçadas rolantes ajudam a manter as cidades limpas. Os cachorros não conseguem se equilibrar e não fazem mais cocô na rua.

— Mas se as calçadas são rolantes e ninguém precisa caminhar, como vocês se mantêm em forma?

— Está brincando? O que mais tem hoje em dia é pet shop, restaurante japonês e academia de ginástica. Todo mundo faz academia. Até eu, com meus setenta e três anos. Aliás, estou indo para a academia agora.

— Os americanos já colonizaram Marte?

— Ainda não. Mas tem uma cadeia de sushi bars na Lua.

— E a informática? Aposto que os smartphones ficaram tão espertos que estão até se candidatando para cargos públicos.

— Ainda não. Mas agora telefone celular serve para tudo, menos telefonar.

— Como?

— Nós todos temos um minichip implantado atrás da orelha que emite e recebe mensagens, inclusive telepáticas.

— Incrível...

— Olha, estou ligando para a Heleninha agora mesmo. Helena? Adivinha quem eu vou levar para o almoço conosco? É, eu mesmo. Só mais gordo.

Você protesta:

— Eu não quero incomodar...

— O que é isso? Venha conhecer os seus netos!

Nossa senhora dos destoantes

A pequena capela de Nossa Senhora do Rosário do Padre Faria é uma das tantas joias arquitetônicas de Ouro Preto. O exterior despojado não prepara o visitante para a opulência barroca do interior. O campanário fica afastado do corpo da igreja, como a "casinha" numa morada sem banheiro, e nada tem de imponente. Os sinos da capela do Padre Faria badalam em concerto com os outros sinos da região, cantando as horas e os eventos, e não soam nem melhor nem pior do que os outros. Mas os sinos da capela do Padre Faria têm uma história diferente dos outros.

Quando Tiradentes foi enforcado e esquartejado no Rio de Janeiro, todos os outros sinos celebraram a notícia. Afinal, tratava-se da execução de um traidor, de um inimigo da sociedade. Os sinos de Ouro Preto festejaram o castigo exemplar de um réprobo e o triunfo da legalidade sobre a rebeldia. Mesmo que o toque festivo não tivesse sido recomendado pela Coroa, a celebração se justificaria. Mas os sinos da capela do Padre Faria dobraram Finados. Pela primeira e única vez na história, talvez, os sinos da capela do Padre Faria destoaram do concerto. Tocaram, sozinhos, uma batida fúnebre pelo martírio de Tiradentes.

Não conheço bem a história e não sei o que motivou as badaladas subversivas. Um pedido de secretos simpatizantes da Inconfidência? Apenas uma manifestação de piedade cristã? Um sineiro bêbado? Não sei. Minha tese preferida é que alguém responsável pelos sinos teve um vislumbre histórico. Teve a presciência que ninguém mais teve e ordenou o toque plangente, em homenagem precoce ao futuro herói e pelo ocaso do poder colonial que seu sacrifício desencadearia.

Nossa Senhora do Rosário serviria como padroeira, não necessariamente de quem consegue adivinhar a História, mas de quem entende o momento que está vivendo ou destoa da maioria, com ou sem razão. Destoantes deveriam ir regularmente em romaria à pequena capela e pedir a bênção dessa Nossa Senhora do Contexto Maior, para melhor poder enfrentar a maioria que badala o que não tem importância e o fato errado e menospreza qualquer batida diferente.

Os outros sineiros de Ouro Preto não tinham como saber que estavam festejando a morte de um herói. Faltava-lhes a perspectiva histórica para entender o momento e só cumpriram o que se esperava deles. Estão perdoados. Mas que nos sirvam de lição.

Refinado

Berço é tudo. Quem não tem berço não sabe de onde veio nem para onde vai, e o que lhe cabe das bênçãos do mundo. Mesmo em países sem pedigree como o Brasil, em que a tradição deve se adaptar à umidade e aos insetos, berço é tudo. Não faz muito, perguntei a mamã se meu berço era mesmo de ouro e ela respondeu: "Folheado, mas não espalha". Mamã é uma pândega.

Para terem uma ideia do meio em que fui criado: certa vez tive que descrever ao médico da família a cor da minha expectoração, numa das minhas gripes infantis, e respondi "verde Watteau". Instado por papá a ser mais específico, disse que meu catarro lembrava o céu aquoso no fundo do quadro *Les Plaisirs du bal* do mestre do rococó francês. Desconfio que o médico da família me receitou um purgante forte, estranho remédio para uma gripe, por pura implicância com a minha precocidade.

Durante toda a vida tive que enfrentar o ressentimento dos menos afortunados. Meus colegas de internato na Suíça, quando me pediam para mostrar onde ficavam nossas propriedades no Brasil e eu dizia que nossas propriedades eram o Brasil, me chutavam. Tenho o gosto refinado como o sal do Himalaia. Certa vez pulei no palco durante um concerto regido por Von Karajan para corrigir o dedilhado do spalla e fui retirado à força, esperneando e gritando, sob vaias: "Alguém tinha que defender o Beethoven!".

Sou filho único. Mamã só teve a mim. Segundo ela, toda mulher deve ter a experiência de um parto na vida, mas dois já é mania. Como vingança, eu fingia que não conseguia distinguir mamã das minhas babás e até sugeri que usassem crachás, para facilitar a identificação.

Nunca entendi muito bem o que papá faz. A resposta que ele dá — "Qualquer coisa" — não ajuda. Sei que descendemos de portugueses que chegaram ao Brasil com as primeiras caravelas e desde então não pararam de explorar os nativos. Nossa família era a maior dona de escravos do Império e papá ainda mantém escravos clandestinamente nas suas plantações e engenhos, por motivos sentimentais. Papá foi o último da nossa linhagem a nascer em berço de ouro maciço. Estudou na Inglaterra e também me mandou estudar na Europa, onde, ao contrário dele, adquiri uma consciência social, comecei a pensar seriamente na situação do meu país e dos meus conterrâneos, e tomei uma decisão: nunca mais voltar da Europa.

Papá pagou meus anos de conservatório e de Cordon Bleu e me mantinha na França com remessas ilegais, ajustadas conforme o preço dos Bordeaux da temporada. Apesar da distância, comecei a notar uma estranha relação entre a minha vida e a situação do Brasil. Quanto mais brutal fica a vida aí, mais depurados ficam os meus gostos aqui. Estou magro e lúcido, substituí a digestão de sólidos pela ruminação de teorias abstratas. Sinto que a situação do Brasil se deteriora à medida que me rarefaço.

Chegou uma mensagem inquietante de papá. Está difícil mandar minha mesada em dinheiro. Algo a ver com Lava Jato, seja lá o que for isso. Papá tem investido em outras áreas e pergunta se eu me importo de receber em cocaína. Olho-me no espelho, estou tão rarefeito que quase não me enxergo.

Filhos

Os filhos nunca acreditam que crescer é perigoso. Não adianta avisar para continuarem crianças. Eles crescem e vão embora. E depois se queixam.

Tem a história daquele pai que concebeu dois filhos do barro, Adão e Eva. Naquele tempo não precisava de mãe. O pai fez o que pôde pelas crianças. Elas tinham tudo, nunca lhes faltou alimento ou agasalho. Se queriam um cachorro ou um macaco para brincar, o pai fazia. Se queriam uma pizza, o pai criava, ou mandava buscar. Se queriam saber como era o mundo lá fora, o pai dizia que não precisavam saber. Eles não eram felizes não sabendo nada, ou só sabendo o que o pai sabia por eles? A felicidade era não saber. As crianças eram felizes porque não sabiam.

O Adão ainda era acomodado, mas a Evinha... Um dia o pai a pegou descascando uma banana. Nem ele sabia o que a banana tinha por dentro, mas a danada da menina descobriu, e antes que ele pudesse dizer "Dessa fruta não co..." ela já tinha comido. E gostado. Foi então que ele decidiu impor sua autoridade paterna, pelo menos na área dos hortifrutigranjeiros, e determinar que frutas do quintal podiam e não podiam ser comidas, e escolheu uma fruta como a mais proibida de todas, pois se comesse dela a menina saberia. Saberia o quê? O pai não especificou. Só disse que o que saberia seria terrível, e que depois não se queixasse. E Eva comeu da fruta mais proibida, claro, e o pai foi tomado de grande tristeza. E disse a Eva que agora ela sabia o que não precisava saber, e que nunca mais seria a mesma.

— O que eu sei de tão terrível que não sabia antes? — perguntou Eva, ainda mastigando a fruta proibida.

— Que você pode desobedecer. Que você pode escolher, e pensar com sua própria cabeça, e me desafiar.

E então o pai disse a frase mais triste que um pai pode dizer a um filho:

— Que você não é mais uma criança.

Eva cresceu diante dos olhos do pai, e no momento seguinte já estava dizendo que queria ir morar sozinha em São Paulo ou aprender inglês em Miami e saber como era o mundo lá fora. E o pai suspirou e disse que ela podia ir, e que levasse o palerma do Adão com ela.

E que os dois jamais voltassem e pedissem a sua ignorância de volta.

Quando contou essa história a outro pai, no clube, o pai abandonado ouviu do outro que sua história não era nada.

— Pior aconteceu comigo e com o meu Prometeu. Ele era um ótimo filho. E como me admirava e respeitava! Para ele era eu no céu e eu na terra também. Ele tinha tudo em casa, e eu o protegia com o meu poder. Ele também era feliz e não sabia, ou era feliz porque não sabia. E não é que um dia descobri que ele tinha roubado o meu fogo para dar aos amigos? Logo o fogo, o símbolo do meu poder e da minha autoridade, distribuído entre outras crianças ingratas como cigarros roubados.

— Você o expulsou de casa, como eu?

— Não. Eu sou da escola antiga. Amarrei-o numa pedra, para os abutres comerem o seu fígado.

— Tem que dar o exemplo...

— Tem que dar o exemplo. Senão, não demora, estarão todos os filhos achando que sabem mais do que nós, e roubando o nosso poder.

— E depois, quando não dá certo, se queixando.

— Exato.

Créditos das crônicas

Entrega em domicílio | publicada em O Estado de S. Paulo, 13 dez. 1998.
Natal | publicada em O Estado de S. Paulo, 24 dez. 2000.
Técnicos e lâminas | publicada em Público, 5 fev. 2001.
Grampos | publicada em O Estado de S. Paulo, 15 abr. 2001.
O encontro | publicada em O Estado de S. Paulo, 22 abr. 2001.
A rainha louca | publicada em Público, 9 jul. 2001.
Destino | publicada em O Estado de S. Paulo, 5 ago. 2001.
Para sempre | publicada em O Globo, 27 nov. 2001.
O último Bragança e o primeiro Silva | publicada em O Estado de S. Paulo, 30 jan. 2002.
A pureza e o poder | publicada em O Estado de S. Paulo, 19 fev. 2002.
Esdruxulices | publicada em O Globo, 30 ago. 2002.
Alfabeto | publicada em O Estado de S. Paulo, 22 dez. 2002.
Outro assunto | publicada em Sexo na cabeça (Objetiva, 2002).
Sem título | publicada em O Estado de S. Paulo, 28 set. 2003.
Grande irmão | publicada em Banquete com os deuses (Objetiva, 2003).

A mágica do rádio | publicada em *O Globo*, 29 jul. 2007.
Me liga | publicada em *Expresso*, 17 dez. 2007.
"Zeitgeist" | publicada em *O Globo*, 18 dez. 2008.
Padre Alfredo | publicada em *O Estado de S. Paulo*, 30 jan. 2010.
Paula | publicada em *O Estado de S. Paulo*, 20 fev. 2010.
Resoluções | publicada em *O Estado de S. Paulo*, 2 jan. 2011.
Infalibilidade | publicada em *O Estado de S. Paulo*, 24 fev. 2011.
Coxas confiantes | publicada em *O Estado de S. Paulo*, 16 jun. 2011.
Com ou sem gás | publicada em *O Estado de S. Paulo*, 18 set. 2011.
Conspiração | publicada em *O Estado de S. Paulo*, 20 set. 2011.
Memória e anotações | publicada em *O Estado de S. Paulo*, 22 set. 2011.
O som da época | publicada em *O Estado de S. Paulo*, 29 set. 2011.
Abstracionismo | publicada em *O Estado de S. Paulo*, 18 dez. 2011.
A primeira terça | publicada em *Em algum lugar do paraíso* (Objetiva, 2011).
Rabanada | publicada em *O Estado de S. Paulo*, 8 jan. 2012.
Neparlepá | publicada em *O Estado de S. Paulo*, 5 fev. 2012.
A primeira pedra | publicada em *O Estado de S. Paulo*, 29 mar. 2012.
Como imaginar uma orgia | publicada em *O Estado de S. Paulo*, 26 abril 2012.
Os resistentes | publicada em *O Estado de S. Paulo*, 3 maio 2012.
De areia | publicada em *O Estado de S. Paulo*, 5 jul. 2012.
O que significa orégano | publicada em *O Estado de S. Paulo*, 18 jul. 2013.
O vovô espião | publicada em *O Estado de S. Paulo*, 18 ago. 2013.
"Hélas" | publicada em *O Estado de S. Paulo*, 19 set. 2013.
A recepção | publicada em *O Globo*, 10 out. 2013.

O incrível e o inacreditável | publicada em *O Estado de S. Paulo*, 13 fev. 2014.
Meu valor | publicada em *O Estado de S. Paulo*, 20 abr. 2014.
A outra vida do sr. Antonio | publicada em *O Estado de S. Paulo*, 18 maio 2014.
O fim | publicada em *O Estado de S. Paulo*, 25 set. 2014.
Azeitona | publicada em *O Estado de S. Paulo*, 22 jan. 2015.
A visita do marajá | publicada em *O Estado de S. Paulo*, 12 abr. 2015.
GPS | publicada em *O Estado de S. Paulo*, 21 jun. 2015.
Contículos | publicada em *O Estado de S. Paulo*, 28 jun. 2015.
Carinho | publicada em *O Estado de S. Paulo*, 5 jul. 2015.
A teoria do pinto | publicada em *O Estado de S. Paulo*, 2 ago. 2015.
O bum | publicada em *O Estado de S. Paulo*, 6 ago. 2015.
Desconversa | publicada em *O Estado de S. Paulo*, 9 ago. 2015.
O vácuo | publicada em *O Estado de S. Paulo*, 20 ago. 2015.
Recapitulando | publicada em *O Estado de S. Paulo*, 31 dez. 2015.
Criadores | publicada em *O Estado de S. Paulo*, 3 jan. 2016.
Fofo | publicada em *O Estado de S. Paulo*, 7 fev. 2016.
Serenata | publicada em *O Estado de S. Paulo*, 13 mar. 2016.
A ilusão | publicada em *O Estado de S. Paulo*, 14 abr. 2016.
Na ponta da língua | publicada em *O Estado de S. Paulo*, 14 ago. 2016.
Zeloso guardador | publicada em *O Estado de S. Paulo*, 1 set. 2016.
Os amigos | publicada em *O Estado de S. Paulo*, 4 set. 2016.
Atenção | publicada em *O Estado de S. Paulo*, 15 set. 2016.
Vi | publicada em *O Estado de S. Paulo*, 25 set. 2016.
Assovio | publicada em *O Estado de S. Paulo*, 8 dez. 2016.

Antônio e Luana | publicada em *O Estado de S. Paulo*, 18 dez. 2016.
O Godzilla veio atrás | publicada em *90 anos 90 reportagens* (Globo, 2016).
Palavra | publicada em *O Globo*, 23 fev. 2017.
Elegância | publicada em *O Estado de S. Paulo*, 25 maio 2017.
Tempo maluco | publicada em *O Estado de S. Paulo*, 1 jun. 2017.
Pelo computador | publicada em *O Estado de S. Paulo*, 2 jul. 2017.
Comparando eras | publicada em *O Globo*, 13 ago. 2017.
Amor | publicada em *O Estado de S. Paulo*, 20 ago. 2017.
A distância | publicada em *O Estado de S. Paulo*, 28 set. 2017.
"Adevolve!" | publicada em *O Estado de S. Paulo*, 29 out. 2017.
Volta e ida | publicada em *25 anos memoráveis*, de Mattos Filhos, Veiga Filho, Marrey Jr. e Quiroga (Advogados, 2017).
Nossa senhora dos destoantes | publicada em *O Estado de S. Paulo*, 4 fev. 2018.
Refinado | publicada em *O Globo*, 8 jul. 2018.
Filhos | publicada em *O Estado de S. Paulo*, 15 jul. 2018.

1ª EDIÇÃO [2018] 2 reimpressões

ESTA OBRA FOI COMPOSTA PELA ABREU'S SYSTEM EM INES LIGHT
E IMPRESSA EM OFSETE PELA GRÁFICA BARTIRA SOBRE PAPEL PÓLEN SOFT
DA SUZANO S.A. E PARA A EDITORA SCHWARCZ EM JANEIRO DE 2021

A marca FSC® é a garantia de que a madeira utilizada na fabricação do papel deste livro provém de florestas que foram gerenciadas de maneira ambientalmente correta, socialmente justa e economicamente viável, além de outras fontes de origem controlada.